NORSK

Antologi

Laererveiledning til

NORSK
nordmenn og Norge 2

ANTOLOGI

TEACHER'S MANUAL for Intermediate Norwegian

Edited by
Kathleen Stokker

The University of Wisconsin Press

The University of Wisconsin Press
1930 Monroe Street, 3rd floor
Madison, Wisconsin 53711-2059
uwpress.wisc.edu

3 Henrietta Street
London WC2E 8LU, England
eurospanbookstore.com

Printed in the United States of America

Peanuts cartoons are reproduced with the permission of PIB Copenhagen.

Grynt cartoons by Sven Sønsteby are reproduced with permission of the artist and *Aftenposten*.

E-ISBN: 978-0-299-24743-0

Innhold

NORSK

Antologi

INTRODUCTION

CLASSROOM ACTIVITIES for pairs and small groups

The following activities have been developed for the learner-centered classroom. With them, you may create opportunities for your students to practice the listening, comprehension and speaking skills that will eventually enable them to communicate naturally and accurately in Norwegian. By bringing a spontaneous use of Norwegian into the classroom, the activities will assist you in providing a necessary and enjoyable transition from using the language in the rather predictable settings of the elementary Norwegian language course to its more challenging use in expressing personal ideas, feelings and beliefs -- the ultimate goal of the intermediate language course.

Small group activities allow each student more oral practice than a teacher-centered classroom since more students may be simultaneously active. Meanwhile they stimulate greater creativity and co-operation, encourage more natural communication, allow students to feel freer to ask questions -- both of each other and of the instructor -- and they afford the instructor greater opportunity to observe the actual progress and interests of the students.

You will neither want nor be able to use *all* the activities suggested here. The volume aims rather to present a wide variety of activities from which you may choose and adapt those which fit the needs of your own particular class. Focusing on all four areas of linguistic competence, the activities include group writing, listening comprehension and speaking experiences.

All of the suggested activities have a ***context*** -- either in the anthology's core selections or in the learner's daily life. The presence of a context enhances the possibility for genuine and spontaneous communication and allows the focus of the activity to be the students' expression of their own meaning. The particular items of grammar and syntax involved attain value as facilitators of this communication rather than as ends in themselves. Many of the activities invite the learner's ***creativity***. Research has shown that students retain best items learned and reworked in this way.

Games figure prominently because they provide motivating competition while allowing students of all capabilities to work together toward a common goal. Students who normally have a difficult time participating orally in class, often become more active in games because they find the activity less threatening and more engaging. Some games focus on points of vocabulary and structure (word order, types of clauses, passive voice, etc.) others focus on comprehension of the lesestykker. Numerous ***cartoons*** appear which may be used in the ways described in the anthology's introduction, simply enjoyed or ignored.

PRACTICAL POINTERS:
***about pairs:** The amount of actual communication taking place in Norwegian is often inversely proportional to how well the two members of the pair already know each other. Therefore, have students change conversation partners often.
***about ways of choosing up pairs:** In large groups, two concentric circles of students walk in opposite directions until told to stop; the person standing opposite is the partner. Students can also "trekke lodd": Each selects one of a prepared set of slips of paper. These contain two each with the same number, letter or symbol. The two getting the same number, letter or symbol are partners.
***about activities:** Be sure to explain the **aim and procedure** of the activity thoroughly before it begins, and monitor it constantly to make sure everyone has understood and is "on task". **Follow up** the paired/small group activity with a brief whole-class activity to emphasize that the results of the individual group's work are of interest to the entire class.

***about pre-reading activities:** Students comprehend and remember a text far better when introduced to its main idea and key vocabulary prior to reading the selection for themselves. With this in mind, each *lesestykke* is accompanied by introductory material of this type.

Most of the techniques described here are modifications of those presented in recent years at the Central States Teachers Conference by Barbara Snyder, James Hendrickson, Constance Knop and Jean Siewerth, whose inspiration and assistance I hereby gratefully acknowledge. Additional ideas have come principally from Alice Omaggio, *Teaching Language in Context*; Solveig Ytterdahl and Jacob Øvergaard, *Norsk med humør. Ideer til kreativ skriving;* Gerd Manne, *Bo i Norge;* Tone Gedde, Anne Golden and Else Ryen, *Lær mer norsk*; and A. E. Knappen and B. E. Solheim, *Norsk*.. For a more complete list of additional printed sources, see the literature list at the end of the teacher's manual. My thanks also to Luther College students Becky Fish, Cecilie Gruehagen and Jill Nokleby for their suggested activities.

***FIRST DAY OF CLASS*:**

***The interview*:** Since the students may be new to each other and to the teacher, setting them to work in pairs interviewing each other allows them to use the language in a meaningful exchange of information. Several methods may be used to derive questions: a) the teacher may distribute a predetermined list, b) the teacher may elicit questions (generated by the class) to be used by all students, c) students may be given a free-hand to ask what they like, or d) each member of the class may be asked to formulate at least 5 questions whose answers will reveal the person's "real" self; they give these to the partner, who may add others of a more general or introductory nature.

Questions might include: *Hva heter du? Hvor og når ble du født? Hvor bor familien din nå? Har du søsken? Hvor gamle er de, Hva gjør de (osv)? Hva liker du best ved (skolens navn)? Hva liker du minst ved (skolens navn)? Har du noen gang vært i Norge? Hvorfor studerer du norsk? Hva gjorde du i sommer? Skjedde det noe uvanlig/interessant med deg da du var barn? Hva vil du gjøre til sommeren? Hva har du tenkt å bli? Fortell litt om deg selv om fem/ti år.*

The class then divides into pairs and each member of the pair interviews the other. As an oral follow-up, students may introduce the person they interviewed to the rest of the class. As an in-class writing assignment or as homework students may write a mock newspaper article about the person interviewed.

ALL-PURPOSE ACTIVITIES

***Structured interview activity*.** This activity may be conducted in groups of three and used at any time during the course, by changing the content of the questions. It may serve to bridge the gap between comprehension and production, helping students express their opinions before they have the active language skills to do so independently.

Sheets with questions and sample answers (see below) are handed out. Each member of the group writes his/her own choice in blank A, then solicits the preferences of the other two group members, writing them in blanks B and C:

1. Hva liker du å gjøre når du har fritid?
   - a) gå på kino
   - b) lese
   - c) høre på musikk
   - d) gå tur
   - e) se på fjernsyn
   - f) strikke
   - g) ________________

A. ________________
B. ________________
C. ________________

2. Hva liker du minst å gjøre?
a) gjøre hjemmelekser A. ______________
b) vaske opp B. ______________
c) jogge C. ______________
d) se på fjernsyn
e) snakke norsk
f) strikke
g) ______________

3. Hvilken by vil du helst besøke?
A. ______________
B. ______________
C. ______________

4. Hva ville du helst gjøre hvis penger ikke var noe problem?
a) reise verden rundt A. ______________
b) kjøpe et flott hus B. ______________
c) slutte å jobbe og bare ta det med ro C. ______________
d) kjøpe en seilbåt
e) leve som vanlig og spare pengene
f) ______________

(other topics)
5. Hvilken farge liker du best/ minst?
6. Hvilken årstid / hva slags vær liker du best/ minst? Hvorfor?
7. Hvem ville du helst være hvis du ikke var deg selv? Hvorfor?
8. Hvilket fag ville du helst studere? Hvorfor?
9. Hva vil du helst bli?
10. Hva liker du best å spise?

Follow-up: A spokesman for each group reports to the class about the outcome of each question, telling how many people agreed, where there was no agreement, what new items were added, etc.

All-purpose Game: The basic game described below can be used at any point in the course. Simply vary the content of the questions asked. The short answer questions may come from the reading selections, be general knowledge questions about Norway, deal with vocabulary, etc. See sample questions below.

Familie-krangel: Klassen deles inn i to lag. (Hvert lag kan velge et navn.) Legg en tennisball eller annen liten gjenstand på bordet. Et medlem av hvert lag står ved motsatte sider av bordet, med en hånd på bordet og den andre bak ryggen. Ha en liste spørsmål klar (disse kan enten læreren eller klassen ha laget). Den første som tar tennisballen i hånden får sjanse til å svare først. Hvis de svarer riktig, får deres lag ett poeng. Hvis de svarer galt, får det andre laget en sjanse til å svare og få poenget.
Når de første to er ferdige, kommer det to til (en fra hvert lag) og spillet fortsetter på samme måten.

Spillet slutter med en "bonus runde". Da kan hvert lag velge ett medlem til å representere hele laget. Tennisballen brukes, som tidligere, til å bestemme hvem som får den første sjansen, men antall poeng er større (equal to the difference between the teams scores plus one so that each team has an equal chance of being the winner). Laget som har flest poeng til sist vinner.

Eksempel spørsmål (beginning review level):
1. Hva heter Norges konge?
2. I hvilken landsdel er Norges lengste og dypeste fjord?
3. Når feires Norges nasjonaldag?

4. Hva heter dagen som kommer etter onsdag?5. Hvor mange universiteter er det i Norge?
6. Hva er det motsatte av "foran"?
7. "Å være glad i" betyr omtrent det samme som hvilket verb?
8. Hvor mange er klokka nå?
9. Gradbøy "stor".
10. Når begynner barn å gå på skole i Norge (hvor gamle er de?)

All-purpose vocabulary game:
Students work in pairs. One student picks a card and tries to get the partner to say that word as quickly as possible. Depending on the level, clues may be either given in Norwegian or English, but may not use any form of the word itself. Each pair tries to get as many as possible per minute.
Teams: This game can also be done in teams. By turns, one person from each team goes first, selecting a card and trying to get fellow team members to say the word. After the first team guesses for their minute, the next team gets a turn if the word remains unspoken. The role of clue-giver changes with each turn.

Kryssord. This activity may be used with any of the five crossword puzzles included in the workbook. It transforms the completion of the puzzle to a co-operative, oral venture. Each student receives a copy of the crossword (filled in except for the words to be supplied by the students). Students are not given the complete set of clues. Instead, each student receives a card (see below) with only a few selected words from the puzzle. Students take turns describing the words they have on their cards to fellow-players, *without using the words themselves*. Alternatively the cards may contain the clues, which the student then reads -- but does not show -- to the others in the group). As each word is successfully communicated, all students in the group fill in that portion of the puzzle. The puzzle is complete when all students have described their words successfully. Students should be instructed to give the location of their particular words on the grid before they begin to describe them, for example, «Det første ordet mitt er nummer 7, loddrett.»

Example card:

Kort 1
loddrett
1. uke (det er 52 av dem i et år)
28. søster (det motsatte av "bror")
21. stemme (det vi hører når du snakker eller synger)
vannrett
9. åpne (det motsatte av "lukke")
18. følge (betyr omtrent det samme som "komme etter")
29. munn (dette bruker du for å snakke og spise)

Each student would have a similar card with different words. All words of the puzzle should be included either among the cards or already filled in on the grid students receive when play begins.

Activities to accompany the Workbook's REPETISJON

Slides or pictures may assist in reviewing vocabulary not physically available in the classroom. To supplement your own slides, advertisements in *A-magasinet*, *Hjemmet*, *Norsk ukeblad* and other magazines work well. An activity to use along with the slides is to have students work in pairs or small groups generating lists of words or sentences describing the slide. Once the lists have been generated, they may be used for small group conversation and composition.

REAKSJONER:
The reactions listed in the workbook may be practiced by having students give appropriate responses to a set of statements. The statements may be generated by the class or provided for them. For example:

1. Vi har ikke time i morgen. (Hurra!) (Det var godt å høre!)
2. Norsk er lett å lære. (Helt enig!) (Tull!)
3. Jeg liker ikke å gjøre lekser. (Ikke jeg heller.)
4. Lutefisk er det beste jeg vet. (Er du gal?!)
5. Vi har et supert fotball-lag i år. (Helt enig!)
6. Jeg har aldri sett på M-TV. (Sier du det?) (Er det mulig?)
7. Vi har en grusom prøve i morgen! (Æsj!)
8. Har du hørt vi har prøve i morgen? (Nei, hva er det du sier?)
9. Hunden min er syk. (Så leit.)
10. Katten min fikk unger i går. (Sier du det?) (Alle tiders!)
11. Fotball-laget vant i går. (Supert!) (Alle tiders!)

After briefly practicing these "straight," students usually go over to giving inappropriate responses, but in order for these to achieve their amusing effect, they have to understand what the appropriate response would have been, so they are still getting good practice!

Flere Reaksjoner: (sleng uttrykk)

1. Se på den buksa! (Den var mega-stilig!)
2. Vi skal på tivoli til helgen. (Så gøy!)
3. Har du hørt at vi må være stille klokken ti nå? (Det var jo helt bakmål!)
4. Tone besøkte meg på hybelen min i går. (Koselig!)
5. Toget gikk dessverre for 1/2 time siden. (Filler'n også!)
6. Jeg håper jeg gjør det bra i konkurransen. (Stå på!)
7. Buksa og blusen passer godt sammen. (Knæsj!)
8. Vi skal sette opp en musikal til våren. (Kult!)
9. Hun vil bli politimester. (Tøft!)
10. Hvordan var det i Sverige i sommer? (Ålreit.)

SUBSTANTIVET:
T-skjorter
Du åpner en T-skjorte forretning. Lag noen slagord for t-skjortene du tror vil selge godt.
Noen forslag som kan kombineres: Bruk fantasi og finn på andre!

Ned med	vold
Opp med	krig
Stans	barna
Kjemp for	hvalene
Kjemp mot	sexismen
Vis respekt for	kvinner
Redd	dyra
	lærere

Motivation may be added to this activity by making it a competition between two teams with the instructor (or an advanced class) judging which team has come up with the best slogans.

Chain game

The teacher begins by saying, *«Jeg flytter til en ny leilighet. Jeg trenger...»* Students provide appropriate nouns either at random or a) in alphabetical order or b) with the last letter of word given having to be the first letter of next word given, e.g., *et bord, en duk, kopper,* osv.
A similar game may be played with the situation: *«Jeg reiser til Norge. Hva trenger jeg å ta med meg?»*

«Mitt skip er lastet med»

This is a popular Norwegian version of the chain game: Alle sitter i en ring. En av spillerne har en ball laget av tøy (eller annen gjenstand som kan kastes uten å gjøre skade). Han/Hun kaster den til en annen og sier (for eksempel): «Mitt skip er lastet med B.» Den som får ballen sier (for eksempel) «Mitt skip er lastet med bananer.» Så kaster han/hun ballen til en annen som også må finne på et ord som begynner med «b». Hvis det tar for lang tid før en spiller svarer, eller en spiller sier et ord som har blitt sagt før eller ikke passer, går den spilleren ut av leken og må levere en pant (a deposit - some personal item). Når leken er slutt (ingen kan komme på flere ord med «b»), kan vinneren holde opp hver av de forskjellige pantene som har blitt samlet og si: «Hva skal den gjøre som eier denne panten?» Gruppen svarer, for eksempel, «Han/Hun skal holde en tale, synge en sang, stå på ett bein,» osv. (If necessary a list of possible punishments may be developed with the class prior to playing the game.)

Lek: «Hva heter det»? This activity may be done by teams at blackboard, with the letters and blanks written there in advance. Two contestants compete for the chance to complete them (after hearing the clue) by grabbing a tennis ball or other small object. (See directions for the «All purpose game» above.)

a) *ord med -af-*

a f _ _ _ _	- måltid om kvelden
_ a f _ _	- «norsk plasma»
_ a f _	- drikk som ofte har appelsinsmak
_ a f _ _ _ _ _ _	- hvor studenter spiser på skolen
_ a f _ _ _ _ _ _	- norske familier drikker kaffe rundt dette
_ a f _	- liten restaurant

b) *ord med -te-*

_ _ _ _ _ t e _	- halvparten av skoleåret
_ _ _ _ _ _ t e _	- her kan du lese og låne bøker
t e _ _ _ _ _	- med dette kan du snakke med folk som er langt borte
_ _ t e _ _ _	- en mann og en kvinne som er gift med hverandre
_ _ _ t e _ _ _ _ _ _ _ _	- foreldrene til foreldre
_ _ t e _ _ _	- «ingen middag uten ... »

c) *ord med -sk-*

_ _ _ s k	- sted hvor du kan kjøpe aviser og skjokolade
s k _ _ _	- her må du gå inntil du har fylt seksten år
_ _ _ s k _ _	- det er godt å ha disse på hendene når det er kaldt vær
_ _ _ _ _ s k _	- du og jeg og alle vi kjenner
_ _ _ _ s k _ _ _ _	- nordmenn spiser disse med pålegg flere ganger om dagen
_ _ _ s k _	- vin kommer i en av disse

d) *ord med -skj-*

s k j _	- du trenger dette når du spiser suppe
s k j _ _ _	- jenter istedenfor gutter pleier å gå med disse
s k j _ _ _ _	- «ingen ..., ingen servis»
s k j _	- betyr det samme som å «hende»

***VERBET*:**
***Ting vi gjør*:** «*I går*» may be placed first in the sentence to practice inversion with the past tense. The same may be done by adding «*mange ganger*» to sentences in the present perfect tense.

1. gruppe
å gå, går, gikk, har gått
å løpe, løper, løp, har løpt
å stå, står, stod, har stått
å sitte, sitter, satt har sittet
å snakke, snakker, snakket, har snakket
å lytte, lytter, lyttet, har lyttet
å rope, roper, ropte, har ropt
å hviske, hvisker, hvisket, har hvisket

2. gruppe
å lese, leser, leste, har lest
å se på, ser på, så på, har sett på
å tegne, tegner, tegnet, har tegnet
å skrive, skriver, skrev, har skrevet
å spise, spiser, spiste, har spist
å drikke, drikker, drakk, har drukket
å sove, sover, sov, har sovet
å sovne, sovner, sovnet, har sovnet
å våkne, våkner, våknet, har våknet
å le, ler, lo, har ledd
å smile, smiler, smilte, har smilt
å gråte, gråter, gråt, har grått

3. gruppe
å dra, drar, drog, har dratt
å skyve, skyver, skjøv, har skjøvet
å titte, titter, tittet, har tittet
å sparke, sparker, sparket, har sparket
å falle, faller, falt, har falt
å grave, grave, gravde, har gravd
å blåse, blåser, blåste, har blåst
å gå, går, gikk, har gått
å komme, kommer, kom, har kommet
å bygge, bygger, bygde, har bygd
å brekke, brekker, brakk, har brukket

***Flere verb*:** Hvilke verb beskriver hva du gjør i løpet av en dag:
våkner, spiser, går, løper, sovner, sover, legger seg, leser, snakker, ler spiller piano, hører på musikk (forelesninger), synger, vasker seg, kjører, sitter, står, osv.
Hvilke verb beskriver hva du gjorde i går? Bruk imperfektum.

***Timelines*:** Students may practice verb forms by drawing and illustrating *timelines* of their lives or a year in their lives and telling the others about them.

A word on drills (see «Øvelse med verb» in the workbook): While the use of drills is not a communicative use of the language, they may (in the early review stage when structure still needs to be mastered), provide an effective learning experience if used in pairs. Each student receives a different drill (complete with correct replies) and quizzes the other. Be sure to explain each drill by modeling it for the entire class before the students begin their work. Also provide (and let them know there will be) a follow up activity in which they may demonstrate the proficiency they have gained.

***Questions and answers*:** Divide the class into pairs. The members of the pair, A and B, each get a different set of questions and may not show those questions to the partner; the partners must be able to understand each other's Norwegian (or help each other to understand by any means other than showing the question, using translation of individual words only as a last resort).

***Expanding questions*: *«Ja» eller «nei» er ikke nok*!** Students need practice in carrying their end of the conversation. Two techniques that help --

a) Making follow-up questions: *Still det første spørsmålet og følg det med et av de andre eller et som du lager selv*:

-Så du på TV i går kveld?
Hvilket program så du?
Var det godt?
Så du også på nyhetene og værmeldingen?
Ser du noen gang på TV om kvelden?

-Gikk du på kino i helgen?
Hvilken film så du?
Hvem gikk du sammen med?
Var filmen god?
Går du noen gang på kino?

-Satt du og leste i går kveld?
Hvilket fag leste du?
Hvilke fag studerer du i år?
Hvordan går det med studiene dine i år?
Pleier du å lese lekser om kvelden?

b) Yes/no questions with qualifying statements added:

Liker du kursene dine i år?
Ja, de er interessante.
Ja, jeg liker spesielt....
Nei, de er kjedelige/for vanskelige.

Liker du deg i Minneapolis?
Ja, men det er kaldt der om vinteren.
Nei, men mange liker seg der.

Har du tid til å gå på kino i kveld?
Ja, men jeg må gjøre leksene først.
Nei, men i morgen kveld har jeg tid.

MODALE HJELPEVERB:
Students work in pairs or groups of three:

1. Hva *må* du gjøre som du ikke har lyst til å gjøre?
2a. Hva har du lyst til å gjøre som du ikke *får* gjøre?
2b. Hva har du lyst til å gjøre som du ikke *kan* gjøre?

3. Hva *fikk* du gjøre som du aldri trodde du ville få lov til å gjøre?
4. Hva *måtte* du gjøre som du ikke ønsket å gjøre?
5. Hva *vil* du *gjerne* gjøre i ettermiddag?

«Sommer ved svømmebassenget»: *Hva gjør barna?*
A transparency may be made of the picture on the next page (taken from Anne-Lise Gjerdrum, *Grunnbok 2. Eg les og skriv*) and the following sentences be practiced in the present tense to learn the vocabulary. (They may also be used to gain familiarity with a variety of names; alternatively, *han/hun* may be substituted when focusing only on the verb tenses and word order). Then *«I går»* may be added to the beginning of the sentences to provide practice with inverted word order and the past tense. *«Mange ganger»* may be added to present perfect sentences to practice inverted word order with compound tenses.

1. Jan sklir nedover sklia.
2. Rune ligger og soler seg.
3. Nina og Helge kaster ball.
4. Hege tar av seg T-skjorta.
5. Monika leser ei bok.
6. Anita og Espen leker med båten i vannet.
7. Pernille stuper fra supebrettet.
8. Bjørn svømmer med en badering.
9. Morten klatrer opp stigen til stupebrettet.
10. Moren gir sønnen et eple.
11. Olaug sitter langs bassengkanten og passer på barna sine.
12. Ragnar dytter kameraten ut i bassenget.

å skli, (-dde, -dd), å ligge (lå, har ligget), å sole seg (-te,-t), å kaste (-et, -et), å ta (tok, har tatt), å lese (-te, -t), å leke (-te, -t), å stupe (-te, -t), å svømme (-te, -t), å klatre (-et, -et), å gi (gav, har gitt), å sitte (satt, har sittet), å passe (-et, -et), å dytte (-et, -et)

ORDSTILLING: (*Inversjon*)To practice more natural responses to questions (which also use inversion), model questions like the following:

Liker du å studere norsk?
Ja, det gjør jeg.
Nei, det gjør jeg ikke.
Vil du fortsette å studere norsk?
Ja, det vil jeg (gjerne).
Nei, det vil jeg (slett) ikke.
Skal du reise til Norge snart?
Ja, det skal jeg (helt sikkert).
Nei, det skal jeg (desverre) ikke.
Har du studert norsk før i år?
Ja, det har jeg.
Nei, det har jeg ikke.
Er ikke norsk et vakkert språk?
Jo, det er det.
Nei, det er det ikke.
Kan du snakke bedre norsk nå enn i fjor?
Ja, det kan jeg (absolutt).
Nei, det kan jeg (slett) ikke.

Students may follow up with questions of their own, answered in a similar manner.

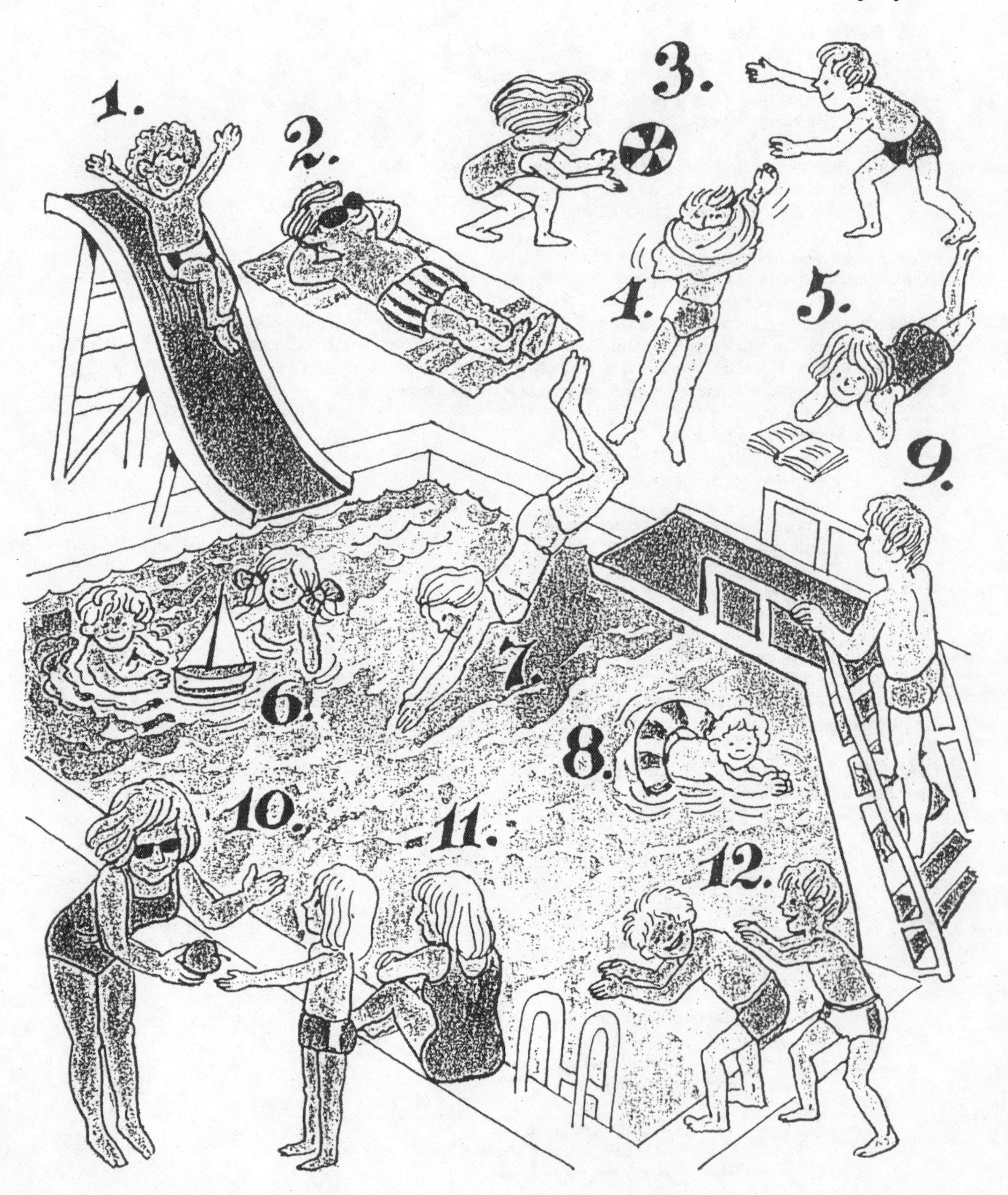
1.
2.
3.
4.
5.
6.
7.
8.
9.
10.
11.
12.

***ADJEKTIVET*:**

***Terninglek*:** The class is divided into small groups of three or four. Each group receives two dice (*terninger*), one each of two different colors. On the blackboard or overhead projector are two lists, one of nouns one of adjectives, for example:

rød terning	grønn terning
1. grønn	1. stolen
2. rød	2. et bord
3. hvit	3. boka
4. gammel	4. blyanter
5. liten	5. veggene
6. annen	6. teppet

Studentene i hver gruppe kaster terningen etter tur. Numrene på terningene korresponderer med numrene fra de to listene. En student som får (for eksempel) 3 på den røde terningen og 6 på den grønne ville måtte si (eller skrive) «det hvite teppet». Antall poeng for hver riktig kombinasjon bestemmes av terningene. Det vil si, at i eksemplet ovenpå ville spilleren få 3 + 6 = 9 poeng. Spilleren får poeng bare hvis hele kombinasjonen er feilfri. Den som får flest poeng vinner.

Group activity

a) Write compliments about others in the group or other members in the class.

b) Make a list of adjectives that describe the food in the school's cafeteria.

PRONOMENER:

«Finn en som. . .»: Mixer -- This always gets students talking!

Students must formulate the questions, then find someone who will give a positive answer to each one, ask the student's name and, if necessary, have it spelled (in Norwegian). Questions may cover specially targeted vocabulary and constructions, or be random. For reviewing pronouns, it is a good idea to put in a few reflexives, so students have to change question from «*seg*» to «*deg*». Making several questions specifically applicable to each individual class adds interest; this may be accomplished by having students provide two interesting facts about themselves in advance, using language and constructions they already know.

Urge students to answer with more than a simple «*ja*» or «*nei*». They may either use an answer that repeats the question: «*Nei, jeg har ikke vært her i tre år,*» or have them practice instead constructions like the ones practiced in the «inversion» sections above: «*Ja, det har jeg,*» or «*Nei, det har jeg (dessverre) ikke.*» «Others: *Ja, det gjør/gjorde (har/kan) jeg,*» «*Nei, (dessverre), det gjør/gjorde (har/kan) jeg ikke,*» osv.

You may also stipulate that students must ask at least one *follow-up question* (see above) upon finding a person to whom the attribute or fact applies. (Example follow-ups to the first three questions below: «*Liker du deg her? Hvor ligger gården din? Pleier du å spise egg til frokost? etc.)*»

Finn en som. . .:

har vært her i tre år ____________________

bor på en gård ____________________

spiste egg til frokost i dag ____________________

gikk på kino i går kveld ____________________

har vært i Norge ____________________

la seg før klokka ti i går kveld ____________________

liker seg her på...(skolens navn) ____________________

så på fjernsyn i går kveld ____________________

har en hund ____________________

har tre brødre ____________________

liker å lage mat ____________________

måtte skynde seg for å komme tidsnok til timen i dag ____________________

har fødselsdag i oktober ____________________

liker å skrive brev ____________________

hadde god tid i morges ____________________

Sin, si, sitt, sine: To practice the reflexive possessive and contrast it with the regular third person possessive students may be asked questions like the following:

Hva heter broren din?
Ser du ofte broren din?
Hva synes du om broren din? (Jeg synes at broren min...,
but «Hun synes at broren hennes...)
Hvor er rommet ditt?
Liker du rommet ditt?
Synes du rommet ditt er stort eller lite?
Hvor er bøkene dine?
Hvor har du pennen din?

The student answers in first person, the teacher asks (feigning a hearing problem), »*Hva sa hun/han?*« The class tells what the student answered using third person. »*Broren hennes heter... ; Hun ser ofte broren sin. Rommet hennes er i... Hun liker rommet sitt. Hun synes at rommet hennes er lite. Bøkene hennes..., Hun har bøkene sine...* After this has been modelled with the whole class, it can be done in small groups of three.

***ADVERB* (og inversjon):**
To emphasize the adverb's role in causing inversion (a topic that will figure prominently in later word order activity), make some cards with such adverbs as: *alltid, aldri, sammen, ofte, snart, igjen, vanligvis, så, etterpå, fort, endelig.*
Establish a simple sentence, e.g. «Vi spiste,» and have students augment the sentence by placing the adverb first: ***Etterpå spiste vi*....** . When that part is mastered, students may be asked to add more to the end of the sentence. *Etterpå spiste vi sammen på restaurant.*

KOMPARASJON
Øvelse 1: (One of the students of a pair gets the answers and tests the other).

Var det pent i Norge?	Ja, det var penere enn jeg hadde trodd.
Var det dyrt i Norge?	Ja, det var dyrere enn jeg hadde trodd.
Kom det mange folk?	Ja, det kom flere folk enn...
Drakk de mye øl?	Ja, de drakk mer øl enn...
Var filmen morsom?	Ja, den var morsommere enn...
Var forelesningen interessant?	Ja, den var mer interessant...
Var huset moderne?	Ja, det var mer moderne...
Var prøven vanskelig?	Ja, den var vanskeligere...
Var rommene små?	Ja, de var mindre enn...

Øvelse 2: (As above)

Er denne boka lettere enn den andre?	Nei, den er vanskeligere.
Er det kaldere i dag enn det var i går?	Nei, det er varmere.
Er disse bøkene dyrere enn de andre?	Nei, de er billigere.
Er disse teppene bedre enn de andre?	Nei, de er dårligere.
Er denne køen lengre enn den andre?	Nei, den er kortere.
Begynner timen seinere i dag enn i går?	Nei, den begynner tidligere.
Leser han mer enn deg?	Nei, han leser mindre.
Er disse barna eldre enn de andre?	Nei, de er yngre.
Er disse bilene eldre enn de andre?	Nei, de er nyere.

Variation on the «Finn en som...» mixer (using comparatives):

Hvem er høyere enn deg? ______________________
Hvem er kortere enn deg? ______________________
Hvem er eldre enn deg? ______________________
Hvem er yngre enn deg? ______________________
Hvem har flere brødre enn deg? ________________
Hvem har flere søstre enn deg? ________________

Hvem bor nærmere skolen enn deg? ____________________
Hvem bor lenger borte fra skolen enn deg? __________
Hvem kom seinere til timen i dag enn deg? ____________
Hvem kom tidligere til timen i dag enn deg? __________
Hvem i klassen har flest søsken? ______________________
Hvem i klassen har flest «credits» denne terminen? _______
Hvem i klassen har den yngste broren eller søsteren? _____
Hvem har vært her på skolen lenger enn deg? ______________
Hvem har flere bøker med seg i dag enn deg? ______________
Hvem har mer skrivepaper med seg i dag enn deg? __________

(In this activity, students will need to formulate questions that are different from the ones given to them. To find out the answer to nrs. 3 and 4, for example, they will need to ask, «*Hvor gammel er du?*» or in nrs. 5 and 6, «*Hvor mange brødre og søstre har du?*» Depending on the level of the class, the instructor may wish to help the students with these questions before play starts or let them figure them out on their own.)

***TIDSUTTRYKK*:**

These need lots of practice. Class periods near a vacation provide a helpful context:

Vi vil ha ferie *om* to dager.
Ferien varer *i* fem dager.
Jeg gleder meg til å reise hjem for jeg har *ikke* vært hjemme *på* to måneder.
Når reiser du hjem (*om* hvor mange dager/timer?)
Hvor lenge er det siden du har var hjemme sist? (Jeg var hjemme *for* ______ *siden.*)
Hvor lenge har du vært her på ...(skolens navn)? (Jeg har vært her *i* _______.)

Determine a set of appropriate questions for your own situation; practice them with the entire class, then have students practice similar questions in pairs.

***MOTSETNINGER*:**

To practice vocabulary, inversion and natural responses, use some of the opposites given in the list (under «*Litt av hvert*») and say, for example, «*Det er en gutt,*» pointing at a female student. Students practice, «*Nei, det er det ikke. Det er ei jente.*» The opposites may also be practiced using the «*Familie-krangel*» all-purpose game format.

***Oppsummering*:** To cap off your review, invite a native Norwegian to class. In advance of the visit, students work in pairs or small groups preparing questions -- as many as possible -- to ask the native informant: f.eks.

Hvor mange ganger har du vært i USA? Når kom du hit denne gangen? Hvor i Norge er du fra? Hva kan du fortelle om familien din? Hvilke forskjeller merker du mest mellom levemåtene i USA og i Norge? Hva savner du mest fra Norge? Hva pleier du å gjøre i fritiden hjemme? Hva gjør du i fritiden her?

After the lists are prepared, students can role-play, pretending to interview the Norwegian on a television talk show. This will improve fluency during the actual visit.

***Game to review vocabulary*:**

***Reisen til Amerika*:** Studentene sitter i en ring. En begynner og sier: «Jeg reiser til Amerika med __________ og slipper gjennom kontrollen.» Det gjelder alltid å nevne en ting naboen på venstre side har på eller med seg. Nestemann må nevne det som allerede er nevnt og så noe som naboen på hans/hennes venstre side har. Leken varer bare i fem minutter.

HUSET OG FAMILIEN:

***Stil (eller muntlig fortelling)*:**

Skriv en stil (eller fortell) om bildet. Fortell om huset og om de fire familiemedlemmene som er hjemme. Hvem er de? Hva heter de? Hvor er de? Hva sier hver av dem til den de snakker med i telefon? Pleier de å snakke så mye i telefon, tror du? Hvorfor snakker de så mye nå?

Activities to accompany the Anthology's *LESESTYKKER*

GENERAL COMMENTS AND ALL-PURPOSE ACTIVITIES:

The *«Hvem er du?»* sections have several uses besides as a written exercise: In pairs or groups of three, students may make up questions to elicit the information from each other or they may play ***Three on a match***, a variation of an activity described by Gerd Manne; it goes as follows: a - interviews, b - writes down the interview, c - is the interview object who moves from pair to pair, spending 5 minutes with each. The activity stays interesting for the interviewer and secretary because they hear several different responses, meanwhile the interviewer and interview object become increasinly proficient in respectively soliciting and supplying information. Selected «Hvem er du» items may also be turned in in written form and then chosen at random to be read by class members who guess who wrote the answers.

Games: «Hvem er jeg?» After the class has read a number of the readings, this game may be played either one of two ways:
a) Hver av deltagerne får et navn på ryggen som de selv ikke vet hvem er (f.eks. Britt, gutten i «Barnets århundre», kunden i «Til Snåpen», mannen i «Vær så god, neste», Georg eller Lise fra «Den savnede», Anton fra «Barnetime...», jenta i «Språk» osv.) Deltagerne må stille hverandre spørsmål for å finne ut hvem de selv er.
b) En i gruppen selv velger hvem han/hun vil være og de andre spør for å finne ut hvem han/hun er.

To kjente personer møtes: To studenter går ut i et annet rom og bestemmer hvilke to personer de skal forestille. Når de kommer inn igjen, fører de en samtale med hverandre. Det gjelder for resten av klassen å gjette hvem de er ved å høre på samtalen

Mimelek: Del klassen i to lag som går i hvert sitt hjørne. På forhånd har læreren laget en liste over ordtak, novelletitler eller sangtekster. Læreren bør stå midt mellom lagene. Oppgavene deles ut samtidig til ett medlem fra hvert lag. Disse må mime teksten for hvert sitt lag. Når laget har gjettet riktig, løper nestemann fra det laget fram til læreren og får en ny oppgave, som han/hun i sin tur mimer osv. Dette blir som en stafett, hvor det hurtigste laget vinner.

1. *TO NORSKE EVENTYR*:

«De tre bukkene Bruse»

Pre-reading vocabulary:

et eventyr, bukker, ei bru, en foss, stor-større-størst, liten-mindre-minst, fælt, en nese, riveskaft, øyne, tinntallerken, til seters, å gjøre seg fete.

Pre-reading introduction: Dette er et eventyr om tre bukker som skal gå til seters og gjøre seg fete. Men på veien til seters må de gå over ei bru og under den brua bor det stort, fælt troll. Hva sier de til trollet? Hva sier trollet til dem? Kommer de seg til seters til slutt?

Post-reading activity:If possible use the pictures in an illustrated edition of «The Three Billy Goats Gruff» to stimulate student retelling of the the corresponding parts of the story. (A picture book edition was produced by Troll Associates in 1979; Library of Congress Catalog Card Number 78-18068.)

Spørsmål: «Hvilket eventyr husker du best fra du var liten?» Kan du fortelle det på norsk?

«Askeladden som kappåt med trollet»:

Pre-reading vocabulary:

fattig, skog, å hugge ved, å kaste øksa, å løpe hjem, å skremme, en ost, ei skinnskreppe, å bli med hjem til trollet, å spise om kapp, å skjære hull på magen, gammel-eldre-eldst, ung-yngre-yngst

Pre-reading introduction: Dette er et eventyr om en familie som har tre sønner. Faren vil at sønnene skal hugge i skogen, men når de kommer ut i skogen, møter de et stort troll. De to eldste sønnene kaster øksa og løper hjem. Hva gjør den yngste sønnen når *han* møter trollet? Hvorfor går Askeladden hjem med trollet og hvorfor spiser de om kapp? Hvem vinner?

Strip story: What happened first, second, third. The instructor makes as many simple sentences describing «*Askeladden som kappåt...*» as there are students in the class. (These should be short so that if students are absent, two sentences may be combined without becoming too long.) Write sentences on a sheet of paper and cut into strips, one strip per sentence. Each student gets one strip, memorizes it (one minute), and turns it back in before play begins. By telling each other their piece of the story, students determine in which order they should stand. When in order, each student says his/her line, which should result in a coherent story. (This technique may also be practiced later with anecdotes unknown to the students. f.eks.: Det var en gang en professor ved Universitetet i Oslo.// Han hadde kommet fra Tyskland for noen år siden. // Han hadde lært å snakke ganske godt norsk. // Nå ville han ikke at andre skulle høre at han ikke var fra Norge. // En dag skulle han bestille en eske fyrstikker. // Han var ikke sikker på om det var *en* eske eller *et* eske. // Vet du hva han så gjorde? // Han bad om *to* esker fyrstikker.

Group writing activity: Her er noen brev fra en del personer i Grimms eventyr. Etterat du har lest dem, skriv et lignende brev fra en av personene i «De tre bukkene Bruse» eller «Askeladden som kappåt med trollet.»

Kjære Abby,
God dag. Jeg heter Terje. Jeg er en av de tre grisene. Jeg har et problem. Det er en stor ulv som prøver å blåse ned huset mitt. Hvis dette fortsetter, kommer jeg snart ikke til å ha noe hus lenger.

hilsen fra Terje i Nøffby

Kjære Abby,
Jeg heter Rødhette. Mitt problem er den store, stygge ulven. Han gir meg ikke fred. Han jager meg bestanding, og prøver å spise både meg og bestemoren min. En dag kledde han seg ut som Mormor og la seg i senga hennes. Da jeg banket på døra, bad han meg komme inn. Og da jeg kom inn, prøvde han å spise meg opp. Hvordan kan jeg løse dette problemet?

hilsen fra Rødhette i den store, mørke skogen

Kjære Abby,
Jeg heter Rip Van Winkle. Mitt problem er at jeg sover hele tiden. Jeg blir bare eldre og eldre. Kan du tro at jeg har sovet i hundre år alt? Burde jeg bare holde meg våken hele tiden? Det er så kjedelig å våkne og finne ut at jeg er blitt gammel.

hilsen fra syvsoveren Rip i Sovestad

... hentet fra "Dear Abby," *St. Paul Pioneer Press*, 4. april 1992 (oversatt av redaktøren).

2. *KJÆRLIGHETSHISTORIER*:

«Barfrost»

Pre-reading vocabulary:

kjærlighet, fattig, ung, et par, å fryse, å ha det vondt, å gå hjem til henne/ham, et kyss, rask, lukkede lepper

Pre-reading introduction: Dette er en fortelling om en kjærlighet som dør. Hvorfor blir det slutt mellom de to unge menneskene i fortellingen?

Post reading listening comprehension: «Riktig eller galt?»: Students respond to the following statements according to the facts in the story, saying either *«Ja,»* and repeating the statement or *«Nei,»* and making it negative. (For a quicker exercise, they may simply reply, *«riktig»* or *«galt»*.)

Eksempler:

Det unge paret var glad i hverandre.

Ja, det unge paret var glad i hverandre.

De hadde mange penger.

Nei, de hadde ikke mange penger.

Det unge paret gikk ofte på kino.
De snakket mye med hverandre.
De holdt hverandre i hånden.
De gikk ofte hjem til henne.
De spiste ofte på restaurant.
De gikk gate opp og gate ned.
De stoppet og gled tett sammen og vekslet raske kyss.
Været var varmt.
De frøs og hadde det vondt.
En dag kjente de at de bare frøs.

Structured interview: See Introduction for a description of the general technique. Substitute actual answers generated in your own class, leave at least one blank for additions generated as students do the activity:

1. Hvorfor tror du det unge paret ikke kunne gå hjem til ham?
   a) foreldrene hans likte ikke at han var sammen med henne — A)__________
   b) han har yngre søsken som plager dem — B)__________
   c) han er hjemløs, en uteligger — C)__________
   d) foreldrene hans liker henne ikke for hun har dårlig ord på seg
   e) ______________________________

2. Hvorfor tror du det unge paret ikke kunne gå hjem til henne?
   a) foreldrene hennes liker ham ikke fordi han er fattig — A)__________
   b) foreldrene hennes liker ham ikke fordi han er for ung/gammel — B)__________
   c) hun er hjemløs, en uteligger — C)__________
   d) foreldrene hennes liker ham ikke for han har dårlig ord på seg
   e) ______________________________

3. Hvorfor tror du det unge paret sluttet å være glad i hverandre?
   a) han sa noe dumt og hun ble sint — A)__________
   b) hun ble glad i en annen — B)__________
   c) han ble glad i en annen — C)__________
   d) ______________________________

Game: Word order and combining simple sentences into complex ones
Students divide into two teams. Each student on both teams writes a simple sentence about «Barfrost» on the board; it helps to have two separate blackboards, one team on each. Then Team A works on the sentences Team B has written and vice versa, collaborating to combine the simple sentences (using *og, men, for, eller, så*) to produce a coherent paragraph (with correct word order). To make this game more interesting, a member from each team may compete for turns to combine the two sentences and be given a time limit.

På restaurant: Det unge paret i «Barfrost» hadde ikke penger til å spise på restaurant, dessuten kom de så langt bort fra hverandre når de ble sittende slik med en hvit duk mellom seg. MEN om de hadde hatt lyst og penger, så kunne de ha spist på restaurant. Lag en scene basert på «Barfrost»: Det unge paret spiser på restaurant. Hva sier de til hverandre? Er det andre der som ser dem? Hva synes de om det unge paret? Hva bestiller det unge paret? Blir det et hyggelig måltid eller krangler de? Kan de betale til slutt? Bruk fantasi!
Noen brukbare uttrykk:

Kan jeg få spisekartet/menyen?
Jeg tror jeg vil ha...
Jeg skulle gjerne ha...(Se meny neste side.)
Kan jeg få regningen?

Familie-middag: Du kan også lage en scene hvor gutten fra Barfrost spiser hjemme hos foreldrene til jenta. Hva sier alle til hverandre? Blir det et hyggelig eller et pinlig å måltid? Bruk fantasi! Noen brukbare uttrykk:

Vær så god, forsyn deg.
Kunne du sende meg potetene?
Har du lyst på mer grønnsaker?
Dette var deilig.
Jeg er forsynt (mett).
Takk for maten.
Vel bekomme.

«Elisabet» *(and other songs):* After the song as been presented, give students a copy of the song with blanks replacing key words (see page following the menu page). These may be items of their active vocabulary or be chosen from a particular word group, for example adjectives, to draw student attention to that group's characteristics (here, for example, verbs and adverbs; see also «Tog-Blues» in the «Til Snåpen» section for definite adjectives). Play the song two or three times while students fill in the missing words:

Word order *(adverb placement)*
First ask the question:
Hva kan man gjøre i helgen? -- (Possible activities -- add others that come up in your class):

spille tennis
gå på ski
gå på kino
spise på restaurant
reise hjem
reise til en annen by

Then ask: *Hvorfor kan du ikke gjøre det?* (Again solicit other possibilities from your class):

jeg har ikke penger
det er ikke varmt/ kaldt nok
jeg har ikke tid
jeg har ikke lyst
jeg liker ikke å _______

Now put them together to generate sentences like:

Jeg kan ikke spille tennis fordi det ikke er varmt nok.

MENY

Smørbrød

Sild	19,00
Italiensk salat	19,00
Egg og laks	32,00
Speilegg	19,00
Egg og tomat	18,00
Skinkeomelett	25,00
Karbonade m/ løk	32,00
Biff m løk	36,00
Spekekjøtt m/ eggerøre	25,00
Champignon, ristet	29,00
Kylling m/ bacon	32,00

Suppe

Aspargessuppe	29,00
Spinatsuppe	29,00

Koldretter

Friske reker	76,00
Rekecoctail	69,00

Fiskeretter

Kokt hellefisk med meierismør	80,00
Flyndrefilet m/ remoulade	89,00
Kokt ørret m/ meierismør og agurksalat	95,00
Kokt laks m/ meierismør og agurksalat	D.pr. (Dagens pris)

Kjøttretter

Nystekt kylling m/ sprøstekt persille og salat	69,00
Lammekoteletter garni	100,00
Svinefilet á la creme m/ campignons	98,00
Svinekotelett m/ surkål	85,00

Grønnsaker

Blandede grønnsaker m/ rørt smør	32,00

Eggeretter

Omelett m/ asparges	40,00
Omelett m/ champignons	40,00
Omelett m/ skinke	45,00

Desserter

Blandet ost og kjeks m/ reddiker	42,00
Ananas eller fersken m/ krem	28,00
Is Melba	19,00

«Elisabet» (verb og adverb)

Jeg _____ langs molo'n ________ fra Club 7.
Jeg lurte på __________ jeg skulle gå til_________
Fjorden lå _____ _________.
Natten var _____ god.
Fra Skarpsno
hørtes lyder
fra et tog som skiftet spor.
Og jeg _______ ensomhet.
Og _____ _________ en _____ het Elisabet,
Elisabet.
- Put your arms around my neck,
Elisabeth! -

På Drammensveien _________ jeg.
Det _____ ingen bil så jeg _________ en liten hvil.
Jeg ______________ utved Sjølyst.
Og jeg _____ til lysedag.
Og _____ var det
___ _________ å dra
til Sandvika.
Og jeg _______ _____________.
Og jeg_____en som_____Elisabet,
Elisabet.
- Put your arms around my neck,
Elisabet! -

Skillebekk-bussen _________ meg _________.
Og ved Falch'en ____ jeg av _____ glad.
På lekeplassen _____________noen
gutter med en ball.
Og rundt meg
_________ mennesker som __________ til arbeid.
Og jeg ______________ ensomhet.
Og jeg _________ en _____ _____ Elisabet,
Elisabet.
- Put your arms around my neck,
Elisabet!-

«På skråss med Simon»: Les brevene til Simon i antologien og skriv lignende brev om virkelige eller oppdiktede problemer. Begynn brevet med adressen.

On the day the letters are due, students bring two copies of their letters to class, leaving off their names if they prefer. The teacher staples to each of these a sheet of lined paper and puts all letters in a pile. Students then read each others' letters, providing their advice on the attached page.

Word order: oral practice -- Students take turns answering in pairs or small groups; results are then shared with the whole class. Add others as appropriate to your group.

Hvis jeg var president, ville jeg ____________________

Når jeg reiser til Norge, vil jeg gjerne________________

Når jeg ikke er i timen, __________________________

Hvis jeg hadde en million kroner, ___________________

Når det er ekstra fint vær, _________________________

3. ***BRITT OG DUKKEN:***

Pre-reading vocabulary:

en dukke, å være glad i, å få barn, på klinikken, å bråke, å dø, trist, å leke, et barneværelse, å løfte, å velte, å bli sint, sjalu, å drepe, å få sjokk

Pre-reading introduction: Dette er en fortelling om en liten pike som heter Britt. Hun hadde en liten bror som ble bare seks måneder gammel; nå er han død. Britt er ikke særlig trist over det. Hun var kanskje litt sjalu av ham. Dessuten syntes hun at Petter bråket for mye. Hun liker dukken sin mye bedre. Dukken heter Jørgen og hun kan gjøre med den som hun vil, uten at moren sier noe. Men en dag blir Britt sint på dukken.... Hvorfor blir hun sint; hva gjør hun? Er dette en fortelling for barn?

Post-reading game: Familie-krangel (Short answer questions for use with the "All-purpose game" described above)

1. Hva fikk Britt da moren var på klinikken?
2. Hvor gammel ble broren hennes?
3. Hva var det beste Jørgen visste?
4. Hva skrek Jørgen når han ble lagt rundt på magen?
5. Når pleide Britt å legge Jørgen?
6. Hva tok hun på ham etter at hun hadde vasket ham?
7. Hvorfor ble hun sint på Jørgen?
8. Hva gjorde Britt med Jørgen da hun ble sint?
9. Hvorfor kom Britts mor til barneværelset?
10. Hva fikk moren se da hun kom til barneværelset?

Huset til Britt: Fortell litt om hvor Britt bor, bruk fantasi: Hvor mange rom er det i huset, hvordan ser rommet til Britt ut? Hvor var moren da hun hørte Britt gråte? Hva finner vi i rommet hvor hun var? Gjennom hvilke værelser måtte hun gå for å komme til barneværelset?

Fortell om familien din: *Har du søsken (barn)? Hvor gamle er de? Hva heter de? (Hvis du ikke har søsken, ønsker du at du hadde hatt søsken?) Er noen av søsknene dine yngre enn deg? Husker du hvordan det var da de ble født? Ble du sjalu? Ble de eldre søsknene dine sjalu av deg? Hva gjør søsknene (barna) dine? Er de gift? Er du onkel/tante? Lever noen av besteforeldrene dine ennå? Hvor bor de? Har du slektninger som bor i andre land?* (This could be used as an interview activity, operated either in pairs or as described in "Three on a match" in the "General comments" above.)

Kroppen

Game: Scorekeeper awards 1 point to each person who correctly acts out the statement made by the instructor as she/he points to the student: *1. Jeg fryser. 2. Jeg har vondt i hodet. 3. Jeg har vondt i magen. 4. Jeg er sulten. 5. Jeg er trøtt.*

Or follows these commands:

Løft venstre (høyre) arm over hodet!
Se ut av vinduet!
Ta ett skritt til høyre/venstre!
Snu hodet til venstre/høyre!
Bøy hodet!
Sett deg Reis deg!
Legg deg på golvet!
Kast krittet i veggen!
Skriv navnet ditt på tavla!
Ta læreren i hånden!
Lukk døra!
Smil til læreren!

(This set may be played as ***«Kongen sier...»***. When those words are said, the person must perform the action; if the words are not said, the person must not do the action or they are out.)

Hvordan ser du ut? Students in small groups describe each other. Useful words: *kort/langt hår; lyst/mørkt hår; stridt/krøllet hår; blå/grønne/brune/grå øyne; høy/kort; med/uten pannelugg; med/uten briller.*

Sanger:

Hode, skulder, kne og tå

(sung to the tune of "There is a Tavern in the Town", while touching the body part mentioned):

Hode, skulder, :/: kne og tå :/:
Hode, skulder, :/: kne og tå :/:
Øyne, ører, kinn å klappe på
Hode, skulder, :/: kne og tå! :/:

Så tar vi ... *(Hokey-pokey på norsk)*:

1. Så tar vi høyre benet frem,
Så tar vi høyre benet bak
Så tar vi høyre benet frem -- og så rister vi det litt.
Vi synger «boogie-boogie»,
og så snur vi oss i ring -- og så er vi klar på ny!

2. Så tar vi venstre benet frem,
Så tar vi venstre benet bak,
Så tar vi venstre benet frem -- og så rister vi det litt.
Vi synger ...

3. Så tar vi høyre armen frem, . . .
4. Så tar vi venstre armen frem, . . .
5. Så tar vi hodet frem, . . .
6. Så tar vi hele kroppen frem . . .,

... og det var alt for nå.

«Risen som spiste Trondheim» -- For additional practice with the vocabulary of body parts and appearance, students may draw and describe trolls (with multiple heads and any other outrageous abnormality they can think of) to a partner who tries to duplicate the drawing described.

Word order -- combining simple sentences into complex ones:
Same game as in «Barfrost» (see above): Students divide into two teams. Each student on both teams writes a simple sentence on the board. Then Team A works on the sentences Team B has written and vice versa, collaborating to combine the simple sentences to produce a coherent paragraph (with correct word order). This time, in addition to using the conjunctions *og, men, for, eller, så,* students may also use the sub-ordinating conjunctions: *når, fordi, siden, at, som, ...*

Rose technique: Students work in pairs. Each member of the pair gets one of the two pictures on the next page, but does not show his/her picture to the partner. Partners take turns describing their pictures to each other to determine if they have the same or different pictures.

Britt og dukken

Mark Sandberg

4. *TIL SNÅPEN:*

Pre-reading vocabulary:

et reisebyrå, en ekspeditør, en kunde, en billett, å finne ut, å svare på, togtider, Rutebok for Norge, en togtabell, et yrke, Norges statsbaner, bussen korresponderer med toget, å bytte tog, forferdet, irritert, lei, oppgitt, rasende, ikke i det hele tatt

***Pre-reading introduction*:** «Til Snåpen» er en sketsj som foregår på et reisebyrå. En kunde kommer for å kjøpe billett til Snåpen, men det blir vanskeligere enn han hadde trodd. Han blir mer og mer irritert med ekspeditøren, som prøver å finne et tog til ham Til slutt blir kunden rasende. Han går fra reisebyrået uten å kjøpe billett i det hele tatt. Hvorfor blir han så sint? Hvordan skal han komme seg til Snåpen?

***Kartet*:** Class members who have been in Norway tell when and show on the map where they have been and tell why they were in Norway, how they liked it there, if they plan to return, etc. Sons of Norway (1455 West Lake Street, Minneapolis, MN 55408) has an excellent map available as part of their membership brochure -- free of charge.)

Dates*: *Når har du fødselsdag? Students practice this question and answer orally in pairs, then each student quickly writes on the blackboard his/her birthdate in numbers. When everyone is seated again, class members express all the dates on the board in words.

Fødselsdagsangen
av Margarethe Munthe

Hurra for deg som fyller ditt år,
ja, deg vil vi gratulere!
Alle i ring omkring deg vi står
og se, nå vil vi marsjere.
Bukke, nikke, neie, snu oss omkring,
danse så for deg med hopp og sprett og spring,
ønske deg av hjertet alle gode ting
og si meg så, hva vil du mere?

Høyt våre flagg vi svinger, hurra!
Ja, nå vil vi riktig feste!
Dagen er din, og dagen er bra,
men du er den aller beste!
Se deg om i ringen, hvem du vil ta!
Dans en liten dans med den du helst vil ha.
Vi vil alle smmen svinge oss så glad,
og en av oss skal bli den neste.

(Den som har fødselsdag, står midt i ringen mens de andre danser, bukker, neier, osv. omkring.)

...hentet fra Anne- Cath. Vestly, *Barnas store sangbok*. Oslo: J.W. Cappelens Forlag, 1972.

***Rollespill*:** Students act out situations being given the following skeletons and expanding as needed and desired:

a) **i et reisebyrå**

Jeg trenger en togbillett til Bergen. Kunne De hjelpe meg litt med togtider og sånn?
Når hadde De tenkt å reise?
Det står her i ruteboka at det går tog. . .
Jeg vil helst reise. . .
En vei eller tur-retur?
Når vil De reise tilbake?
Trenger jeg plassbillett på det toget?

Vil De ha røyker eller ikke-røyker?
Vil De ha vindusplass?

b) **på postkontoret**
Jeg vil gjerne sende et brev/kort til USA.
Luftpost eller med båt?
Hvor mye blir det?
Postsparebank: *(see «Noen praktiske konsekvenser av at Norge har to offisielle språk»: in the «**Nynorsk**» section for forms.)*
Jeg vil gjerne sette inn noen penger på min konto.
Jeg vil gjerne ta ut noen penger av min konto.
Har De legitismasjon? Vær så god, her er passet mitt.
Vil De ha store eller små sedler?

c) **på banken**
Jeg vil gjerne veksle denne reisesjekken.
Har De legitimasjon?
Vær så god, her er passet mitt.
Vil De ha store eller små sedler?

Fyll inn med «Tog-Blues» (see «Elisabet» in the *«Barfrost»* section for a description of the technique.)

Tog-Blues

På den _______ skinnegang synger jeg min vandringssang.
Nå hører jeg en fløyte _________ fra nord!
Og hvis _______ kommer snart og _______ har den _______ fart,
Er jeg _______ i den byen hvor hun bor.
Kan du høre togets _________ nattesang?

I den byen jeg _______ til, finns ei jente ______ og ______.
Hun har _______ som en morgen klar.
Og hvis hun _______ husker meg og hun _______ svarer nei,
skal hun _______ meg slik jeg er, slik jeg var.
______ du _______ togets triste nattesang?

_______ er stålet i _______ kniv. ______ er sorgen i ______ liv.
_______ var _______ til hun som svarte nei.
Tusen byer har jeg _____. Tusen _______ har jeg gjett.
_______ skinner bar meg fram på vandringsvei.
Kan du høre _______ triste _______?

Snart når jeg min _______ by i den _______ morgengry.
_______ skal toget _______ synge mer for meg.
Selv om _______ er _____ bror, _______ vi har samme blod,
Skal snart toget og jeg _______ hver vår vei.
Kan du høre __________ __________ __________?
Og jeg hater fløytas _________ klang.

__**Oppgave**__: Se på **verbene** du har satt inn i sangen -- kan du si hva de heter i imperfektum?
Legg merke til **adjektivene** -- hvorfor ender *«tomme,» «rette,» «triste,» «siste,» «kalde»* og *«spottefulle»* med *-e?*
Forklar **ordstillingen** i linje 9 (*«Hvis hun . . .*).

Lytteøvelse:

Kart: Students work in groups of three, each being given an incomplete map (see next page) of *«Den ukjente byen»* and one of the three *«informasjonskort.»* Students must share the information on their cards with one another in Norwegian, synthesizing that information to complete the city map. When the group has filled in all the blank areas, the instructor shows them the correctly completed map to compare with their work. (see p. 41) Before play begins, it may be useful to practice words of location and direction like:

bak, foran, over gata, til venstre for, til høyre for, ved siden av, på hjørnet, mellom, ikke langt fra, et kvartal, i nærheten, en inngang, as well as the place names labelled on the map and underlined below.

kort 1

1. Bokhandelen ligger ved siden av (til høyre for) klesbutikken (herreklær) og over gata fra musikk-forretningen. Har du funnet bokhandelen?
2. Restauranten ligger over gata fra kirken og bak musikk-forretningen. Har du funnet restauranten?
3. Kinoen ligger mellom apoteket og bokhandelen. Har du funnet kinoen?
4. Reisebyrået ligger ved siden av (til venstre for) parfymeriet og like over gata fra politistasjonen. Har du funnet reisebyrået?

kort 2

1. Bensinstasjonen ligger ikke langt (et kvartal borte) fra Stadion; den ligger over gata fra sykehuset og det er en telefonkiosk i nærheten. Har du funnet bensinstasjonen?
2. Grand Hotell ligger ikke langt fra jernbanestasjonen; det ligger foran legekontoret og over gata fra skobutikken. Har du funnet Grand Hotell?
3. Banken ligger bak kafeen og over gata fra turistinformasjonskontoret. Det er en forsikrings-selskap over gata på den andre siden. Har du funnet banken?
4. Aldershjemmet ligger over gata fra sykehuset (til høyre); det er også en klesbutikk for damer over gata fra aldershjemmet. Har du funnet aldershjemmet?

kort 3

1. Biblioteket ligger over gata fra kirkegården (til høyre). Inngangen er like over gata fra herrefrisøren. Har du funnet biblioteket?
2. Posthuset ligger bak parfymeriet. Det er et hotell like over gata fra posthuset. Har du funnet posthuset?
3. Jernbanestasjonen ligger mellom drosjesentralen og en stor parkeringsplass. Har du funnet jernbanestasjonen?
4. Skobutikken ligger bak sportsbutikken og like over gata fra damefrisøren. Har du funnet skobutikken?

Fyll inn verbene: «Konduktøren og passasjeren» (with or without dictation.)

En mann __________ fra Oslo med natt-toget til Bergen. Før han _____ seg til _______, *bad* han konduktøren _________ ham så han _________ _________ av toget på Gol.

«Jeg _____ tungt,» sa han, «og _____ lei og gretten om morgenen. Men *bry* Dem ikke om hva jeg ______ eller ______. ___ å ___ meg av på Gol, om De så _____ _______ makt og _____ meg av.»

«Ja,» konduktøren *lovte* det, og mannen _____ seg trygt til ______. Han ______ ikke igjen før toget _________ på Voss. Da ______ han tak i konduktøren og *skjelte* ham ut fordi han ikke hadde _________ å ________ ham på Gol. Det *fantes* ikke det skjelsord han ikke _________, men konduktøren var like rolig.

«At De kan ______ rolig på at De ______ *skjelt* ut på denne måten,» ______ en av passasjerene til ham.

«Å,» _____ konduktøren, «dette ____ ingen ting. De _____ (ha) __________ ham som jeg ______ av på Gol.»

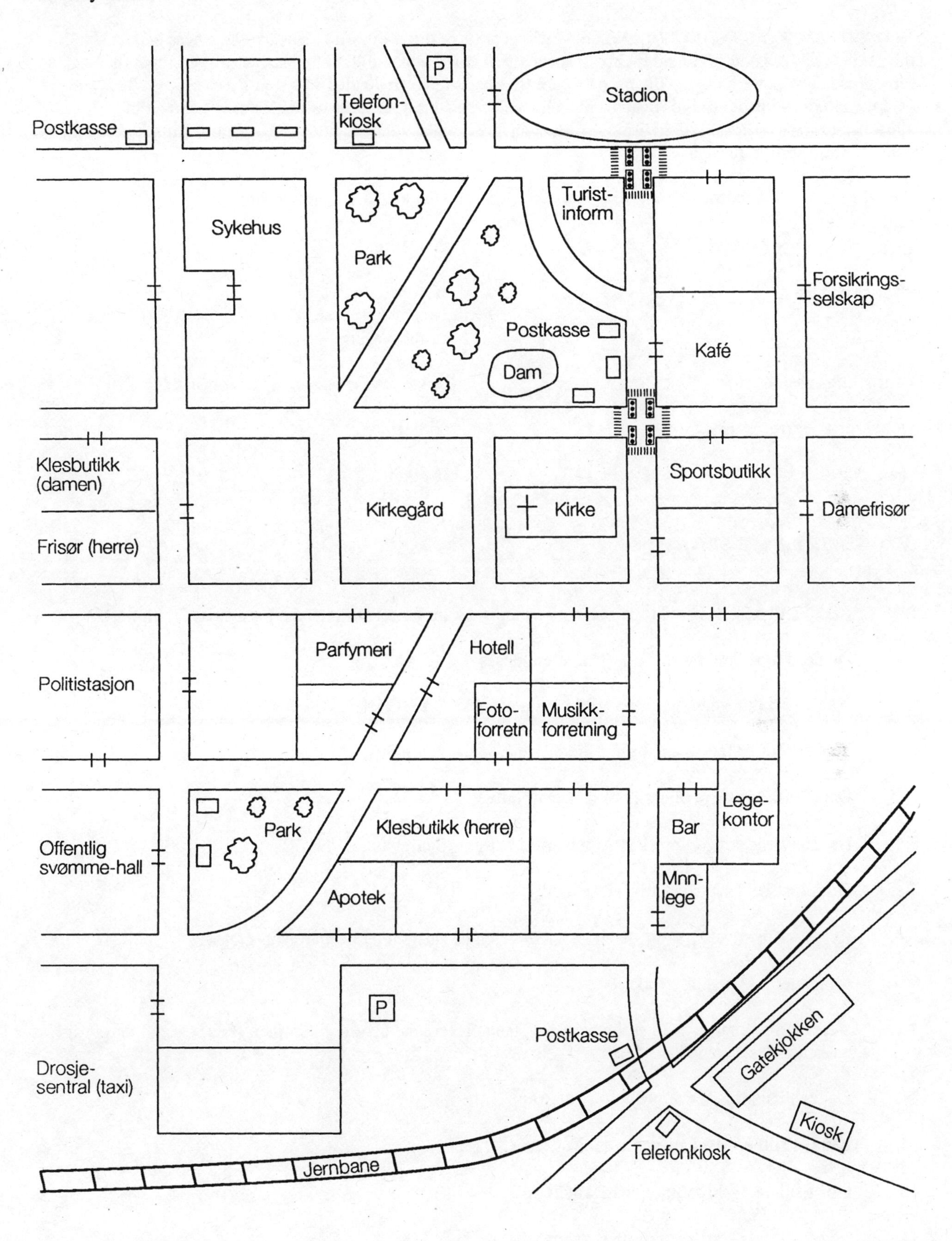
Postkasse
Telefon-
kiosk
P
Stadion
Sykehus
Park
Turist-
inform
Forsikrings-
selskap
Postkasse
Kafé
Dam
Klesbutikk
(damen)
Sportsbutikk
Kirkegård
Kirke
Damefrisør
Frisør (herre)
Parfymeri
Hotell
Politistasjon
Foto-
forretn
Musikk-
forretning
Lege-
kontor
Park
Klesbutikk (herre)
Bar
Offentlig
svømme-hall
Apotek
Mnn-
lege
P
Postkasse
Gatekjøkken
Drosje-
sentral (taxi)
Kiosk
Telefonkiosk
Jernbane

***PÅ OSLO SENTRALBANE-STASJON*:** Label various parts of the room with signs for the places indicated in the list below. It's good to spread them out spacially as much as possible. The instructor then reads the sentences below as the students figure out where they need to go (indicated in parentheses below). This may be done either to introduce the vocabulary -- in which case all the students walk around touching the appropriate signs -- or as a competition -- by having individual students demonstrate their comprehension by going to the appropriate sign.

- Billettluke -- lokaltog / -- fjerntog
- Narvesen kiosk
- Spor 1-32
- Turistinformasjon
- toaletter -- Herrer/Damer
- bakeri
- bank - "Sparebanken Nor"
- telefoner
- fotoboks
- oppbevaringsbokser
- tavle over avgangs - og ankomst-tider
- rulletrapp
- benker

***OSLO SENTRALBANE-STASJON*:**
kl. 8:00

1. Beskjed til reisende med tog til Hamar--vennligst kjøp billett i billettluka <u>før</u> avreise. (billettluke)
2. Du får lyst på Solo og en avis. (Narvesen kiosk)
3. Solo'en smakte godt, og du må på do. (toalett obs: DAME/HERRE)
4. Toget er forsinket -- du må ringe hjem. (telefoner/telefonkiosk)
5. Det er alltid gøy å ta bilder i boks . . . (fotoboks)
6. Da må veksle penger for du vil kjøpe mye i Norge. (Sparebanken "NOR")
7. Du trenger et kart over Oslo. (turistinfo)
8. Ryggsekken er veldig tung, du vil la den bli igjen på stasjonen. (oppbevaringsbokser)
9. Mmm det lukter godt. (Bakeri)
10. Vennen din kommer med et tog klokka ti, men du vet ikke hvor det kommer. (tavle over avgangs--og ankomst-tider)
11. Det er slitsomt å gå trappene . . . (rulletrapp)
12. Bena er slitne, og du må vente enda en time . . . (benker)
13. Du er sulten og vil spise middag (kafeteria)
14. Toget ditt står klart på spor nr. 8. (spor 1-32)
15. GOD TUR - dørene lukkes (toget)

Driv reklame for Norge. Divide the class into five groups, one for each of Norway's «*landsdeler*». Using disposable tourist brochures, magazines and other materials, students make a poster or other visual aid to accompany a verbal advertisement in which they try to sell others on that part of the country. Each student should have a speaking part when the ad is presented to the rest of the class. For extra vocabulary and information, see also **«Norge -- eventyrlandet»**, the tourist brochure in the ***«Litt om Norge før og nå»*** section of the anthology. Students may also write letters to tourist offices asking for tourist information.
Here are some addresses from *Rutebok for Norge:*

Bergen Reiselivslag
Slottsgate
5000 Bergen

Lillehammer Turistkontor
Storgate 56
2600 Lillehammer

Oslo Turistkontor
Oslo Rådhus
0158 Olso

Stavanger Turistkontor
Jernbaneveien 3
4000 Stavanger

Tromsø Turistkontor
Dampskipkaia
9000 Tromsø

Trondheim Turistkontor
Kongensgate 7
7000 Trondheim

(See also the section on writing letters in the «mandag» section.)

Silent reading: Students write a short essay about a trip they have taken or wish to take. They bring two copies to class, omitting their names if they wish. The teacher staples a sheet of lined paper to each. Students silently read papers from the pile adding their comments. (It might be useful to teach the construction «Det høres _____ ut» as it is the one students seem most likely to use. To reinforce correct usage of «da» (when) and «så» (then) as well as «å dra» and «å reise» as contrasted with «å gå», these, too, should be reviewed beforehand.)

Kreativt kryssord: Studenter veksler på å skrive ord som har med *«å reise»* å gjøre. De bruker en kopi av skjemaet nedenfor. Studentene kan arbeide i par eller i grupper på 3, og de kan bruke alle mulige ord, bare de har med *å reise* å gjøre. Hver student skriver med sin egen farge-blyant eller penn. Det første ordet må skrives slik at en av bokstavene faller på *. Den neste studenten kan nå skrive sitt ord på kryss av det første, og så videre. Studentene kan ikke skrive ordene baklengs og ordene kan ikke være på skrå, bare vannrett og loddrett. Spillet fortsetter inntil ingen kan komme på flere ord.

Antall poeng hver student får, bestemmes av tallet i rutene hvor han/hun har skrevet en bokstav i «hans/hennes» farge. Læreren (eller andre studenter) får nå kontrollere om alle ordene er stavet riktig. De som ikke er riktige teller ikke, dvs. studenten får ingen poeng for hele ordet.
(Dette kan også spilles senere med andre emner, f.eks. *«fritidsaktiviteter,» «familien,» «vær og klima»*, osv.)

Å Reise

10	1	1	1	3	1	1	2	1	10	1	2	1	1	3	1	1	1	10
1	8	1	1	1	5	1	1	1	1	1	1	1	5	1	1	1	8	1
1	1	8	1	1	1	4	1	1	1	1	1	4	1	1	1	8	1	1
4	1	1	8	1	1	1	1	1	4	1	1	1	1	1	8	1	1	4
1	2	1	1	8	1	1	4	1	1	1	4	1	1	8	1	1	2	1
5	1	1	1	1	8	1	1	1	5	1	1	1	8	1	1	1	1	5
1	1	1	4	1	1	8	1	1	1	1	1	8	1	1	4	1	1	1
1	3	1	1	1	1	1	8	1	1	1	8	1	1	1	1	1	3	1
1	1	4	1	1	4	1	1	8	1	8	1	1	4	1	1	4	1	1
10	1	1	1	4	1	1	1	1	*	1	1	1	1	4	1	1	1	10
1	1	4	1	1	4	1	1	8	1	8	1	1	4	1	1	4	1	1
1	3	1	1	1	1	1	8	1	1	1	8	1	1	1	1	1	3	1
1	1	1	4	1	1	8	1	1	1	1	1	8	1	1	4	1	1	1
5	1	1	1	1	8	1	1	1	5	1	1	1	8	1	1	1	1	5
1	2	1	1	8	1	1	4	1	1	1	4	1	1	8	1	1	2	1
4	1	1	8	1	1	1	1	1	4	1	1	1	1	1	8	1	1	4
1	1	8	1	1	1	4	1	1	1	1	1	4	1	1	1	8	1	1
1	8	1	1	1	5	1	1	1	1	1	1	1	5	1	8	1	1	1
10	1	1	1	3	1	1	2	1	10	1	2	1	1	3	1	1	1	10

5. ***BARNETS ÅRHUNDRE:***

Pre-reading vocabulary:

å tenke på, en krig, skremmende, tanker om krig, å holde (en) våken, å få sove, den andre verdens krigen, tull, ikke noe å bry seg om, å le av, dum, ergerlig, en gal mann, det blir ikke krig mer, å tie still, å være redd for, å slukke lyset

Pre-reading introduction: I «Barnets århundre» er det en gutt som ikke får sove. Han ligger våken og tenker på krig. Faren kommer inn i soveværelet og vi hører deres samtale. Faren ler av sønnen. Han sier at det er tull å tenke på krig. Det er ikke noe å bry seg om, sier han, for det blir ikke krig mer. Han blir ergerlig når gutten sier han ennå er redd. Snakker faren sant eller lyver han? Hvorfor sier han det han sier? Hva synes du om det han sier?

Post-reading dramatic reading practice: Students work in pairs reading the story, one saying the father's words, the other saying the boy's words, each investing them with appropriate emotion; follow up by selecting various pairs to present parts of their dramatic reading for the class.

Ja, det gjør jeg. Nei, det gjør jeg ikke.

«Det er klart at en gutt i din alder får sove,» sa faren.

«Jeg gjør ikke det,» sa gutten.

To practice this common form of answer (with «det» standing for the activity asked about), students may ask each other questions like the following; the answer practiced should reflect the student's actual situation:

Studerer du økonomi i år?

Ja, det gjør jeg. / Nei, det gjør jeg ikke.

Bor du på internat nå?

Tenker du ofte på krig?

Likte du fortellingen?

Ja, det gjorde jeg. Nei, det gjorde jeg ikke.

Spiste du frokost i dag?

Så du på fjernsyn i går kveld?

The song «Synes du om meg?» can also help develop a feeling for this construction (despite its introduction of an additional idiomatic meaning of «synes om» (-"to like").

Synes du om meg?

Synes du om meg? Ja, det gjør jeg.
Får jeg komme til deg? Ja, det får du.
Er det riktig sikkert? Ja, det er det.
Hopp sudde rude rude rulan lej!

Kjøper du ringen? Ja, det gjør jeg.
Setter den på finger'n? Ja, det gjør jeg.
Er det riktig sikkert? Ja, det er det.
Hopp sudde rude rude rulan lej!

Reiser vi til presten? Ja, det gjør vi.
Gifter oss forresten? Ja, det gjør vi.
Er det riktig sikkert? Ja, det er det.
Hopp sudde rude rude rulan lej!

...hentet fra Anne Cath. Vestly. *Barnas store sangbok*. Oslo: Cappelen, 1962.

Synes, tror, tenker: To help students get a feeling for the difference between «*synes*» and «*tror*», first practice some sentences relevant to their own situation in which they choose responses that are true for them:

Synes du det er kaldt (varmt, mildt, fint vær) i dag?

Ja, det synes jeg.

Nei, det synes jeg ikke.

Synes du det er vakkert (morsomt, koselig, kjedelig, fint) med snø (regnvær, solskinn)?
Tror du vi vil få mer snø (regn, solskinn) i morgen?
Ja, det tror jeg.
Nei, det tror jeg ikke.
Tror du snøen vil vare hele vinteren?
Tror du vi vil få en ekstra lang vinter i år?

Then using a procedure similar to the one in "**Structured interview activities**" described in the introduction, have students work in groups of 3. The weaker students may prefer to use one of the ready-made answers, stronger students may prefer to compose their own:

1. Hva synes du om været i dag?
   a) jeg synes det er for kaldt
   b) jeg synes det er for varmt
   c) jeg synes det er akkurat passe
   d) jeg synes det er for fuktig
   e) jeg synes det er deilig
   f) ______________________

   A. __________
   B. __________
   C. __________

2. Hvordan tror du været vil bli i morgen?
   a) jeg tror det kommer til å regne
   b) jeg tror det kommer til å snø
   c) jeg tror det kommer til å bli pent
   d) jeg tror det kommer til å bli varmt
   e) jeg tror det kommer til å bli kaldt
   f) ______________________

   A. __________
   B. __________
   C. __________

3. Hva synes du er morsomst?
   a) jeg synes det er morsomst å gå på ski
   b) jeg synes det er morsomst å gå på kino
   c) jeg synes det er morsomst å lage mat
   d) jeg synes det er morsomst å reise
   e) jeg synes det er morsomst å være hjemme
   f) ______________________

   A. __________
   B. __________
   C. __________

4. Hvem tror du vil bli USAs neste president?
   a)
   b)
   c)
   d)
   e)

   A. __________
   B. __________
   C. __________

5. Når tror du USA vil gå til krig igjen?
   a) allerede i år
   b) neste år
   c) om fem år
   d) om ti år
   e) aldri
   f) ______________________

   A. __________
   B. __________
   C. __________

6. Hva synes du om maten på kafeteriaen?
   a) jeg synes den er kjempegod!
   b) jeg synes den er elendig
   c) jeg synes den er ganske god/ ganske dårlig
   d) jeg synes de burde kaste den
   e) ______________________

   A. __________
   B. __________
   C. __________

7. Når tror du læreren ble født?
   a) før århundreskiftet A. ____________
   b) på femti-tallet B. ____________
   c) på seksti-tallet C. ____________
   d) ______________________________

(Substituting «Hvor» for «Når» provides a less controversial discussion!)

8. Tror du faren i «Barnets århundre» lyver for sønnen sin?

A. ____________________
B. ____________________
C. ____________________

9. Hva synes du om måten faren behandlet gutten på?
   a) jeg tror han mente det godt
   b) jeg synes den var dårlig
   c) jeg tror ikke han forstod gutten
   d) jeg synes den var god
   e) jeg tror det er vanskelig for faren å snakke om krig

A. ____________________
B. ____________________
C. ____________________

10. Hvorfor tror du han sa det han sa?

A. ____________________
B. ____________________
C. ____________________

11. Hva tror du faren tenkte på mens han sakte gikk ned trappa?

A. ____________________
B. ____________________
C. ____________________

12. Tror du gutten sov bra den natten?

A. ____________________
B. ____________________
C. ____________________

13. Hvilken film tror du vil vinne prisen «Den beste filmen» i år?

A. ____________________
B. ____________________
C. ____________________

Follow- up: Har du sett filmen selv? Hvorfor *synes* du den burde vinne prisen?

Passiv: The class is divided into 2 teams. Each team makes up active sentences that have transitive verbs (and can be made into logical passive sentences). The teacher should briefly check the sentences generated before the next stage of the game, to make sure they will work. When each team has at least as many sentences as there are players on the other team, they write their sentences on the board (in small classes; in larger classes the game may progress by turns using the mechanism of the "all-purose game" described earlier.) When the active sentences are on the board, the other team converts them to passive sentences. Using two blackboards facilitates this activity.

«Lyver jeg eller snakker jeg sant?» Each student writes a short anecdote about him- or herself. Then they take turns reading their story aloud to the class and being asked questions about the story by the other students who determine whether or not the story actually happened to the individual.

Group writing exercise: *«Vær ikke redd!»* (Brevet fra ei mus): Studentene arbeider i grupper på tre. De skriver et brev til en som er redd for mus. Brevet skrives fra musas synspunkt. Det forteller hvorfor individet ikke trenger å være redd.

— Det er en mus på kjøkkenet!

6. *VÆR SÅ GOD, NESTE*:

Pre-reading vocabulary practice:

en lege, et legekontor, en sykesøster (en kontorsøster), å trenge seg foran, å vente på, innpåsliten, det var på tide, å be (en) gjøre (noe), å kle av seg, hva behager, nødvendig, å ta av seg, en frakk, et skjerf, ei bukse, ei jakke, ei skjorte, ei trøye, å undersøke, å hoste, å puste, kilen, å vri seg, en resept, ganske, nokså, å forlate, en misforståelse

Pre-reading introduction: Denne sketsjen foregår på et legekontor. En mann har ventet lenge på tur og har prøvd flere ganger å trenge seg foran. Derfor synes kontorsøsteren at han er ganske innpåsliten. Endelig kommer han inn til legen. Legen ber ham ta av seg frakken, skjerfet, jakka og skjorta. Legen undersøker ham og ber mannen puste og hoste. Mannen er nokså kilen og han vrir seg ganske mye. Til slutt skriver doktoren en resept og ber ham komme tilbake til kontroll neste måned. Men før mannen forlater kontoret, finner alle ut at det har vært en stor misforståelse. Hvordan har denne misforstelsen oppstått?

Klær: «Hva har du på deg i dag?» «Hvilken farge er blusen/skjorta, buksene/sjørtet?» osv. (adjective review//clothing vocabulary). «Velg et klesplagg og fortell hvor du kjøpte/fikk det og hvorfor du liker/ikke liker det.»

Commands (imperativ): «å ta på seg// å ta av seg»: Extra old clothes (props from the play or from teaching clothing items earlier) may be used as students command each other to put on and take off the items.

Hva er i veien med deg? *Reaksjoner*. One student makes a statement: *«Jeg har vondt i hodet.»* Another asks: *«Leste du for mye?» «Sov du ikke godt i natt?» «Burde du ikke holde senga?» «Kanskje du burde oppsøke en lege.»* Other statements: *«Jeg har vondt i magen.» «Jeg har vondt i ryggen.» «Jeg har smerter her...» (peker på hvor). «Jeg er sulten.» «Jeg er forkjølet.» «Jeg føler meg ikke så bra.»* (Depending on class level, possible answers may be practiced in advance or left up to the students.)

Nyttige uttrykk om helse:

hos legen (at the doctor's)
Det gjør vondt i...
Jeg har smerter i...

<u>Barnesykdomer:</u> *meslinger* (measles)
vannkopper (chicken pox)
kusma (mumps)

<u>Vanglige sykdommer:</u>
influensa (flu)
en forkjølelse (a cold)
å være forkjølet (to have a cold)
en betennelse (an infection)
f.eks: en halsbetennelse
ørebetennelse
øyebetennelse
lungebetennelse (pneumonia)
nyrebetennelse (nefritis)
blindtarmsbetennelse (appendicitis)
bihulebetennelse (sinusitis)

<u>Livsfarlige sykdommer:</u>
matforgiftning (food poisoning)
kreft (cancer)
hjertesykdom (heart disease)
hjerteanfall eller *hjerteinfarkt* (heart attack)
et slag (a stroke)
AIDS

<u>Kroniske sykdommer:</u>
sukkersyke (diabetes)
allergi

<u>Symptomer:</u>
å ha feber
å ha vondt i ...
å være tett i nesen
å ha hodepine

Andre uttrykk
å skade ... (to injure)
en klinikk
en legevakt // et sykehus
å bli operert
en kirurg -(a surgeon)

Har du vært hos legen i det siste? **(Samtale øvelse)**: «Hva var i veien med deg?» «Har du god eller dårlig helse for det meste?» «Lider du av noen kronisk sykdom?» «Hvilke barnesykdommer har du hatt?» «Lever alle besteforeldrene dine?» «Hvordan døde de som ikke lever?»

Improvisajon: You are with a group of older Norwegians who speak no English. You are taken ill. Express the following items you might need or desire by explaining them in Norwegian: describe the item and tell what you want it for or describe how you feel: a) hot water bottle or heating pad, b) asprin, c) alka seltzer, d) hangover. Follow up by roll playing the situation.

Kart: **(Oral comprehension)**: students listen as the directions are read (by teacher or by partner in pair) and follow along with their pencils on the map (next page) until they are asked, «Hvor er du?»

1. *Du har akkurat vært hos tannlegen, og står utenfor døra til tannlege-kontoret.* Gå til høyre et stykke til du kommer til skobutikken. Gå inn i skobutikken. Ser du noen sko du vil kjøpe? Nei -- det er for dyrt! I den andre halvdelen av butikken er en sportsbutikk. På hjørnet av sportsbutikken er det et lyskryss. Rett over gata er kirka. Kryss over gata til du kommer til kirka. Gå rundt hjørnet og fortsett nedover gata til venstre. På andre siden av gata er parken. Fortsett nedover gata der du går. Når du kommer til et kryss, gå over gata til hjørnet av parken. Det går en sti gjennom parken. Ta den! Stien leder deg ut til en stor vei. Rett over denne store veien ligger stadion. Ikke gå dit! Ta til høyre og gå til det første kontoret på høyre side. Hvor er du? (Turistinfo)

2. *Du har besøkt bestemor som bor på aldershjemmet like ved byens sykehus.* Hun bad deg poste et brev for henne. Postkassa er like ved aldershjemmet. Ta til venstre og kryss over ei gate, og så er du der! Post brevet og gå tilbake på den samme veien som du kom fra, i motsatt retning.
Nederst i gata er det en bygning hvor det er mye vann. Vet du hva det er? -- Det er en svømmehall! Du går dit og svømmer en times-tid, før du må rusle hjemover. Huset ditt ligger et stykke unna. Du må først til høyre (gå et *lite* stykke) og ta til venstre. Følg jernbanesporet til du kommer til veien som krysser over jernbanelinja. Det begynner å regne så du løper til det første «huset» på høyre side! Hvor er du? (Telefonkiosk)

Present participle (presens partisipp)-- Write a ***cinquain poem*** using nouns, verbs and present participles: Before students form small groups of 5 persons to compose their own cinquain poem, compose one together as a class to illustrate the procedure:

line 1: State the subject in *one* word (noun)
line 2: Describe the subject in *two* words (adjectives)
line 3: Express an action about the subject in *three* words (present participles)
line 4: Express an opinion about the subject in *four* words
line 5: Restate the subject in *one* word, thinking about what was already said in your group (may be a different word or the same one as in line one).

Example:

Regn
vått, rått
rennende, plaskende, øsende
det kan være koselig
regn

Procedure for small groups: Students sit in a circle. One student begins the poem with the line 1, followed by another student who provides line 2, and so forth, around the circle.

Game to drill imperativ and the expressions «***x vil at y skal***» and «***x bad y gjøre noe***» in the imperfect tense: Three (or five) member teams: First each team makes up as many commands as they can (five minutes should be plenty of time to allow); the commands must be possible to carry out in the classroom. Students should have several commands in reserve to avoid repetition.

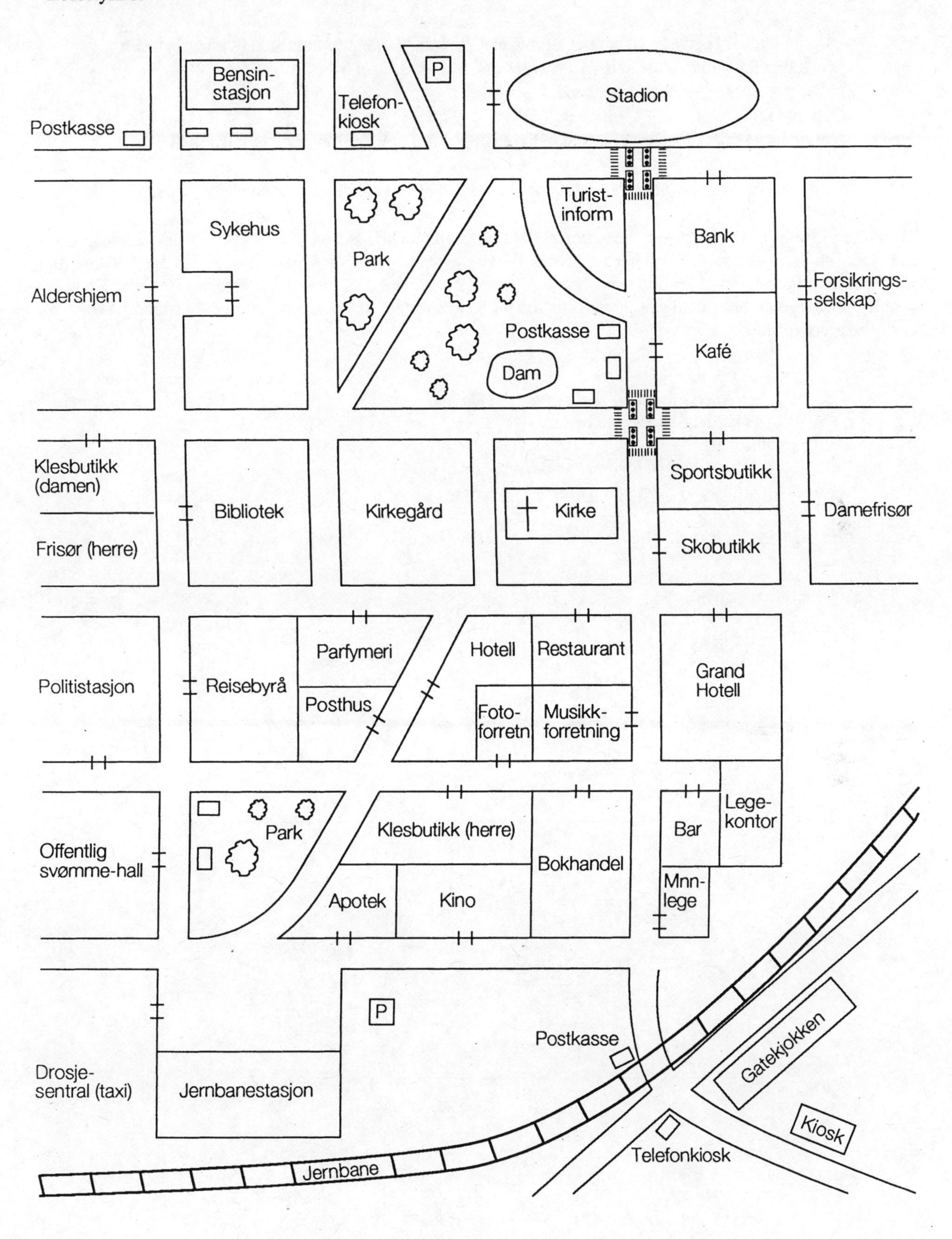
Bensin-
stasjon
Postkasse
Telefon-
kiosk
P
Stadion
Sykehus
Park
Turist-
inform
Bank
Aldershjem
Forsikrings-
selskap
Postkasse
Kafé
Dam
Klesbutikk
(damen)
Bibliotek
Kirkegård
Kirke
Sportsbutikk
Damefrisør
Frisør (herre)
Skobutikk
Parfymeri
Hotell
Restaurant
Grand
Hotell
Politistasjon
Reisebyrå
Posthus
Foto-
forretn
Musikk-
forretning
Lege-
kontor
Park
Klesbutikk (herre)
Bar
Offentlig
svømme-hall
Bokhandel
Apotek
Kino
Mnn-
lege
P
Postkasse
Gatekjøkken
Drosje-
sentral (taxi)
Jernbanestasjon
Kiosk
Telefonkiosk
Jernbane

Lek: Individual 1) gives a command. Individual 2) says, *"He/She* (points at individual 1) *wants you* (pointing at individual 3) *to_____"(«Han/Hun vil at du skal + infinitiv»).*
Individual 3) carries out the command.
Optional follow-up:
Individual 4) says, *"He/She* (points at individual 1) *asked him/her* (pointing to individual 3) *to_____"* (*«Han/Hun bad ham/henne + infinitive»*).
Individual 5) *"He/She* (points to individual 3) *did* (past tense of action commanded)." (*«Han/ Hun _____.»*)

Once the procedure is understood, the action should proceed quickly. When the command is given, each individual should be ready with his/her response. When the round is finished, each role moves one position to the right, i.e.: in round 2, the individual who initially was 2 performs 1's function, 3 performs as 2, 4 as 3, 5 as 4, and 1 as 5, so each individual gets a new function with each round. In fifteen minutes, 8-10 rounds may easily be accomplished.

Example:
1) *«Skriv på tavla!»*
2) *«Han/Hun vil at du skal skrive på tavla.»*
3) (Han/Hun skriver på tavla.)
(optional)
4) *«Han/Hun bad ham/henne skrive på tavla.»*
5) *«Han/Hun skrev på tavla.»*

Group writing activity: Pairs or small groups write a narrative based on the picture series below:

7. ***DESERTØREN*:**

Pre-reading vocabulary practice:

en soldat, en hær, militæret, å drepe, å skyte, beklager, å gjøre (en) sint, å lystre ordre, desertør, å nekte

***Pre-reading introduction*:** Denne sangen forteller om en mann som har fått et brev fra presidenten. Det står i brevet at han må gå i krig. Han skal være ved fronten onsdag kveld. Men mannen vil ikke skyte eller drepe andre. Derfor lystrer han ikke ordre; han nekter å gå til fronten. Hvorfor har han bestemt seg for å bli desertør? Hvordan skal han leve?

***Lytteøvelse* 1)** Give «Robert» *(see Arbeidsbok)* as a dictation but with sentences in random order. Students rearrange sentences to make a logical story after they have taken them down as dictation.
Lytteøvelse 2) Dictate directions for making Christmas hearts (see «*Jul*» chapter in the **Litt om Norge før og nå** section of the anthology), then have students follow the directions based on what they have written. (If desired, adapt the directions to use the s-passive.)

***Passive with -s*:** To demonstrate the use of s-passive in directions and recipes, students may contrast the following two examples, and then use the s-passiv in the second recipe (and/or use command forms in the first):

Får-i-kål

3/4 kg fårekjøtt (kg = kilogram)
1 kg kål
1 ss salt (ss = spiseskje)
2 ss mel
1 ss hel pepper
1 1/2 l kokende vann (l = liter)

Kjøttet vaskes og skjæres i biter.
Kålen renses og skjæres i «båter».
Saltet, melet og pepperen blandes sammen.
Ett lag fårekjøtt legges på bunnen av ei gryte.
Ett lag kål legges på kjøttet.
Ett lag kjøtt legges på kålen.
Ett lag kål legges på kjøttet (osv).
Melet, saltet og pepperen strøes mellom lagene.
Kokende vann helles i gryta.
Får-i-kålen må småkokes i ca. 1 1/2 time. Røres om forsiktig av og til. (Kokte poteter pleier å spises til får-i-kål.)

Bløtkake

3 egg
150 g sukker (g = gram)
1/4 dl vann (dl = desiliter)
125 g hvetemel
2 ts bakepulver (ts = teskje)
1/2 boks fersken
1/2 l kremfløte
1 ss sukker

Pisk egg og sukker godt. Tilsett siktet mel og bakepulver. Steik ved 175° C, 1/2 til 3/4 (tre kvart) time. Del kaka i 3. Dynk kaka med saft fra fersken-boksen. Pisk kremen med sukkeret og bland i ferskenbiter. Fyll kaka og pynt den med ferskenbiter. La kaka stå og «trekke» et par timer før servering.

***Mer s-passiv*:** 1) Students make up **rules** for their classroom: «*Bare norsk snakkes her.*» «*Hjemmelekser leveres daglig.*» «*Sigaretter røykes ikke i timen.*» «*Mat spises ikke i klasseværelset.*» Or using the impersonal passive: «*Det snakkes bare norsk i timen.*» «*Det soves ikke i timen.*» «*Det røykes ikke i skolebygningen.*» «*Det spyttes ikke på golvet på lærerens kontor!*»

2) Students write **signs** for various businesses and services using s-passive. ***Renseri** - klær renses og presses;* ***Bilforretning** - biler kjøpes og selges;* ***Bakeri** - brød bakes;* ***Frisør** - hår vaskes og klippes;* ***Bokhandel** - bøker kjøpes og selges;* ***Bibliotek** - bøker lånes;* ***Bank** - penger lånes;* ***Postkontor** - frimerker selges, brev sendes;* ***Restaurant:** Frokost serveres kl. 7 - 8.30.* ***Bank, Postkontor,** o.l.: Kunder ekspederes mellom kl. 8.30 og 15.00.* ***T-banen:** Dørene lukkes.* Think of other signs appropriate to your campus.

Hvis clause: The instructor distributes several slips of paper to each student. The class is divided into 2 groups. On the separate strips of paper one group writes only ***«hvis» clauses in the imperfect tense with the subject «du»***. *(f. eks. «Hvis du laget middag...»)* The other group writes only ***independent clauses with the subject «jeg» and verb «ville»***. *(f. eks. «Jeg ville aldri spise igjen.»)* The teacher collects all slips of paper and puts them into two separate containers. Several students are sent to the board and asked to take one slip from each container. They copy the clauses and make a single sentence (re-arranging word order as necessary); ***«Hvis du laget middag, ville jeg aldri spise igjen.»*** The results are usually quite amusing. If totally illogical, the class may adjust them to make them logical.

«Gossip» - Students are given a sheet of paper containing a series of questions with space after each for writing an answer. Each student answers a question, hiding the answer by folding the paper over it, then passes the sheet to the next student. After the last question is answered, the story is read to the class.

Example questions:

Hvem?
Møtte hvem?
Hvor?
Hva sa han?
Hva svarte hun?
Hva gjorde de?
Hva var resultatet?
Hva er moralen?

(This activity is best done as a sideshow to another activity to avoid empty waiting time.)

TV i Norge -- (Using native informants): Students divide into groups of 2 or 3 to devise questions to be asked of the native informant about TV in Norway compared to TV in the USA. Then they interview the informant and report to the rest of the class. This interview could lead to a consideration of the native's preconceived ideas about America and about the students' preconceived ideas about Norway. How have these ideas changed by the native's being in America and by the students' growing knowledge of Norway?

8. *BARNETIME FOR DE VOKSNE:*

***Pre-reading vocabulary*:**

et radioprogram, «Barnetime for de minste», å få barn, å ta seg nær av (noe), å slå av/på radioen, mange forskjellige versjoner, fryktelig forvirret

***Pre-reading introduction*:** Denne fortellingen ble skrevet av Anne-Cath. Vestly, en av Norges mest leste og folkekjære barnebokforfattere. En gang hun hadde radioprogrammet «Barnetime for de minste», fortalte hun om en mor som skulle få barn. Mange foreldre tok seg nær av at hun fortalte så åpent om hvor babyer kommer fra. Barna, derimot, syntes ikke det hun hadde sagt var galt. Derfor skrev hun denne fortellingen for å vise at barn ofte forstår mer enn de voksne tror. Fortellingen handler om lille Anton som snart skal få en liten bror eller søster. Naturligvis spør han hvor den babyen skal komme fra. Alle de voksne blir nervøse og forteller ham mange forskjellige historier slik at han blir helt forvirret... Til sist finner han ut noe ganske overraskende. Tror han på det han hører?

***Framtiden*:** Hva vil du bli? Fortell om deg selv om 7 år.

Fyll ut et lignende skjema først:

navn: Magne Bjørkås
alder: 27 år
yrke: lærer (se liste i seksjonen om «Språk» nedenfor for flere muligheter)
siviltilstand: gift, med 2 barn (andre muligheter: uten barn, ugift, forlovet, skilt, separert)
bilmerke: Ford Scorpio
livrett/drikke: fisk og cola
favorittbok: *Sult* av Knut Hamsun
bopel: leilighet i Oslo
hobby: tennis og golf

***Horoskop*: *kommer til å*:**

(Useful vocabulary: *å spå, en spådame/spåmann, en krystall-kule*)

a) **Skriv horoskop** for en av de andre studentene:

Dette kommer til å bli en ________________________periode for deg.
På skolen vil du ____
og hjemme blir det ______________________________________
I helgen kommer du til å __________________________________
hvis du ikke ____,
Du risikerer altså å ________________________, så vær forsiktig!

b) **Game**: Cards are made using vocabulary words from the current and/or previous reading selections:

Velg fem kort og bruk dem til å skrive horoskop til en annen student:

Eksempelet nedenfor bruker ordene: *å fly, å svømme, å få anledning til, å ane, et tjern, plutselig, å være lei seg, å komme til å :*

Denne uken vil du få anledning til å besøke noen du ikke har sett på en stund. Det blir et gledelig gjensyn, men også litt leit for du får triste nyheter.

Men, du kommer til å fly langt -- til et sted du aldri har sett før!

Det kan være en idé å lære seg å svømme, for du vil være glad for at du gjorde det når du tenker tilbake.

Romantikken er ikke den helt store akkurat nå, men vær ikke lei deg -- den dukker opp der du minst aner det! Ta deg tid til å være ute i naturen, spesielt ved et tjern. Når solen står høyest på himmelen, vil du plutselig få øye på noe i naturen som kommer til å få stor betydning for deg.

Husk å levere tippekupongen denne uka, store premier venter!

Holde/Drive på med*):** 2 transparencies - 1 shows one activity, the other an action which interrupts that activity: Students describe each separately first: ***«Vi spiste middag.» «Telefonen ringte.» Then the transparency

depicting the first activity is placed on the projector, as students say: ***«Vi holdt/drev på med å spise middag*** (the other transparency is placed on top) ***da telefonen ringte.»***
Similarly: *Vi holdt/drev på med å vaske bilen da det begynte å regne.» «Jeg holdt på med å skrive brev da de kom.»* (These same mechanics can also be used to practice constructions combining two verbs to show an **extended time activity** being interrupted: *«Vi satt og spiste middag da telefonen ringte.» «Han stod og vasket bilen da det begynte å regne.» «Vi lå og leste da barna kom hjem.»*)

Følelser: *Hva gjør deg glad, sint, trist, redd, ergerlig, stolt?* (Se bildet neste side som er hentet fra Kristian Rishøi, *Følelser.*

Hvordan føler du deg i dag?
Make cards with a feeling described on each that can easily be acted out. Students take turns selecting a card and acting out the feeling named as the others try to guess which one it is: *dum, rolig, slem gretten, lei seg, elendig, forferdet, oppgitt, rasende, triumferende, redd, stolt, tøff, formærmet.*

Group writing: Students in groups of 6 (or three, if each student supplies two lines). See procedure for Cinquian poetry described above in «Vær så god, neste»).
Dikt om følelser:

1. Velg en følelse: *Frykt, kjærlighet, hat, lykke, sinne, glede, å være lei seg, . . .*
2. Skriv diktet ut fra disse spørsmålene:
   a) Hvilken farge har følelsen?
   b) Hvordan smaker den?
   c) Hvordan lukter den?
   d) Hvordan ser den ut?
   e) Hvordan høres den?
   f) Hvordan føles den?

Eksempler: **Frykt**

Frykt er svart.
Den smaker som kald risgrøt
og lukter muggent og klamt.
Frykt er som en mørk, øde gate.
Lyden er som ekko av fotskritt.
Frykt gir meg panikk!

Lykke

Lykke er lysegul,
og smaker som modne bananer.
Lykke er lukten av nyslått høy
og en hage full av fargeglade blomster.
Lykke er moro! *(Norsk med Humør)*

Gjenfortelling: Students hear the jokes (one to several times, depending on the class level) then retell them in their own words:

a) To smågutter møtte hverandre på veien, og den ene begynte å fortelle den andre at hjemme hos ham skulle de få en gutt til. «Hvordan vet du at det blir gutt?» spurte den andre.
«Jo, sist mor lå syk fikk vi ei jente, og nå er det far som ligger syk,» svarte han.

b) Foreldrene satt og snakket om sitt bryllup, og hvor festlig det hadde vært.
- Var jeg med da? spurte sønnen, en liten gutt på 5 år.
- Nei, gutten min, det var du nok ikke.
- Æsj, - aldri får jeg vare med, når dere voksne har det moro!

HVORDAN FØLER DU DEG?

9. *DEN SAVNEDE:*

Pre-reading vocabulary:

å savne, en soldat, verdenskrigen, å bli borte, å bli tatt til fange, å kjenne igjen, en hjemkomst, annerledes, fremmed, å forandre seg, uventet, en overraskelse, å omfavne, , gå på jobben, skuffende

Pre-reading introduction: Dette er en fortelling om en mann som kommer uventet tilbake til familien sin etter å ha vært borte i femten år. Mye har forandret seg i løpet av den tiden og han føler seg fremmed til tross for at han er hjemme hos seg selv. Han har selv forandret seg mye slik at kona hans nesten ikke kjenner ham igjen. Hun går på jobben nesten med det samme han kommer. Mannen får også andre overraskelser . . . .

Ligger det noe sannhet i astrologien? Finn ditt «tegn» nedenfor eller på den neste side og si om du er enig i det som står om "kvalitet," "motto," "nøkkelord," og "type." (As a small group activity, students may see how other students who know them think the qualities correspond to their own impressions of the person.):

1. Hvordan stemmer opplysningene med ditt eget selvbilde?
2. Hvordan stemmer stjernebildene for dine venner og slektninger? (If desired the list of «egenskaper» on the page following the astrological symbols may also be used.)

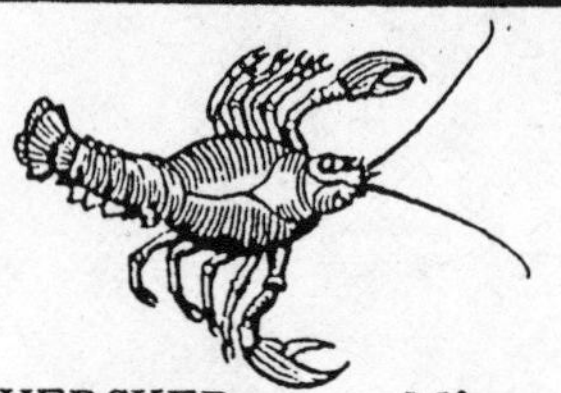

KREPSEN
(CANCER)
4. tegn i Zodiak
22.6.–22.7.

HERSKER: Månen + 4. hus
KVALITET: Ledende
ELEMENT: Vann
MOTTO: „Jeg føler"
NØKKELORD: Tålmodighet
TYPE: Følsom/Overømfintlig

SKORPIONEN
(SCORPIO)
8. tegn i Zodiak
23.10.–22.11.

HERSKER: Pluto (og Mars) + 8. hus
KVALITET: Fast
ELEMENT: Vann
MOTTO: „Jeg ønsker"
NØKKELORD: Makt
TYPE: Autoritær/Tyrannisk

LØVEN
(LEO)
5 tegn i Zodiak
23.7–22.8.

HERSKER: Solen + 5. hus
KVALITET: Fast
ELEMENT: Ild
MOTTO: „Jeg vil"
NØKKELORD: Ære
TYPE: Majestetisk/Herskesyk

JOMFRUEN
(VIRGO)
6. tegn i Zodiak
23.8.–23.9.

HERSKER: Merkur + 6. hus
KVALITET: Foranderlig
ELEMENT: Jord
MOTTO: „Jeg gransker"
NØKKELORD: Renhet
TYPE: Praktisk/Prosaisk

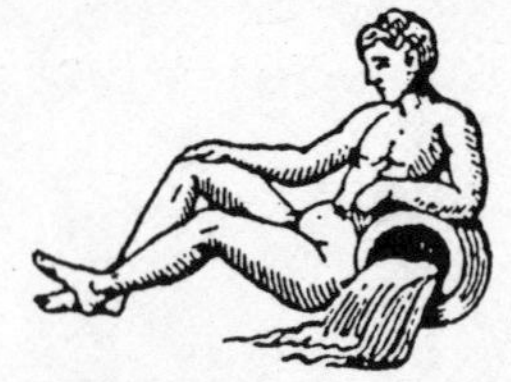

VANNMANNEN
(AQUARIUS)
11. tegn i Zodiak
21.1.–19.2.

HERSKER: Uranus (og Saturn?) + 11. hus
KVALITET: Fast
ELEMENT: Luft
MOTTO: „Jeg vet"
NØKKELORD: Håp
TYPE: Uselvisk/Eksentrisk

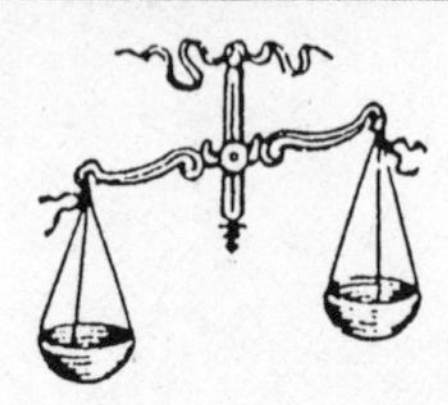

VEKTEN
(LIBRA)
7. tegn i Zodiak
24.9.–22.10.

HERSKER: Venus + 7. hus
KVALITET: Ledende
ELEMENT: Luft
MOTTO: „Jeg veier"
NØKKELORD: Harmoni
TYPE: Diplomatisk/Opportunistisk

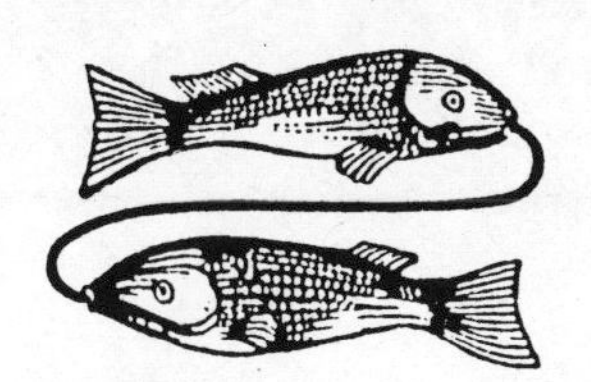

FISKENE
(PISCES)
12. tegn i Zodiak
20.2.–20.3.

HERSKER: Neptun (og Jupiter) + 12. hus
KVALITET: Foranderlig
ELEMENT: Vann
MOTTO: „Jeg tror“
NØKKELORD: Kjærlighet
TYPE: Poetisk/Urealistisk

VÆREN
(ARIES)
1. tegn i Zodiak
21.3–20.4.

HERSKER: Mars + 1. hus
KVALITET: Ledende
ELEMENT: Ild
MOTTO: „Jeg er“
NØKKELORD: Mot
TYPE: Foretagsom/Hissig

STENBUKKEN
(CAPRICORN)
10. tegn i Zodiak
22.12–20.1.

HERSKER: Saturn + 10. hus
KVALITET: Ledende
ELEMENT: Jord
MOTTO: „Jeg bruker“
NØKKELORD: Plikt
TYPE: Ærgjerrig/Grådig

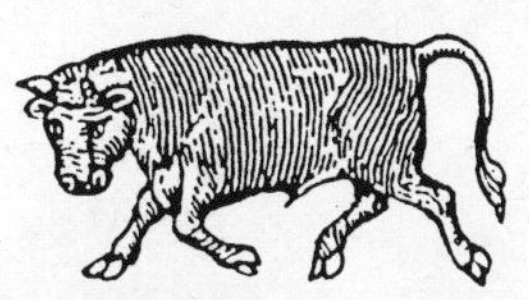

TYREN
(TAURUS)
2. tegn i Zodiak
21.4–20.5.

HERSKER: Venus + 2. hus
KVALITET: Fast
ELEMENT: Jord
MOTTO: „Jeg eier“
NØKKELORD: Stabilitet
TYPE: Fredsommelig/Sløv

SKYTTEN
(SAGITTARIUS)
9. tegn i Zodiak
23.11.–21.12.

HERSKER: Jupiter + 9. hus
KVALITET: Foranderlig
ELEMENT: Ild
MOTTO: „Jeg ser“
NØKKELORD: Visdom
TYPE: Jovial/Taktløs

TVILLINGENE
(GEMINI)
3. tegn i Zodiak
21.5.–21.6.

HERSKER: Merkur + 3. hus
KVALITET: Foranderlig
ELEMENT: Luft
MOTTO: „Jeg tenker“
NØKKELORD: Glede
TYPE: Allsidig/Ustadig

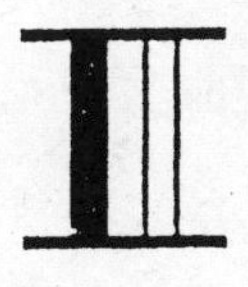

... hentet fra Rigmor Elisabeth Aster Wig, *Mellom oss og stjernene. Astrologi for hvermann.* Oslo: Gyldendal, 1973.

egenskaper

VANNMANNEN
(22. januar til 19. februar)
intelligent
morsom
tolerant
stille
menneskelig
upersonlig

FISKENE
(20. februar til 20.mars)
hjelpsom
forståelsesfull
flink til å improvisere
søt
munter

VÆREN (21. mars til 20. april)
aktiv
troverdig
ambisiøs
ærgjerrig
energisk
diktatorisk
forhastet
barnslig

TYREN (21. april til 20. mai)
praktisk
pålitelig
grundig
tålmodig
naturelsker
sjalu
sta
doven
materialistisk

TVILLINGENE
(21. mai til 21. juni)
optimistisk
morsom
reiseglad
rask/ kvikk
urolig
værsyk
ubarmhjertig

KREPSEN (22. juni til 22. juli)
loyal/ trofast
sympatisk
hengiven
fredelig
hjelpsom
barnekjær
søt

LØVEN (23. juli til 23. august)
generøs/ gavmild
modig
selvsikker
energisk
lettsmigret
arrogant
ekstravagant
skryter av seg selv

JOMFRUEN
(24. august til 23. september)
grundig
arbeidsom
har sunn fornuft
motebevisst
rask
ofte tilbakeholden
nevrotisk

VEKTEN
(24. september til 23. oktober)
arbeidsom
sjarmerende
elegant
rolig
rettferdig
falsk
selvgod

SKORPION
(24. oktober til 22. november)
analytisk
problemløser
sta
har ofte sjuende sans
forsiktig
sjalu
hard
hevngjerrig

SKYTTEN
(23. november til 22. desember)
livlig
mangesidig
fantasifull
dyrekjær
skrytsom
ekstravagant

STEINBUKKEN
(23. desember til 21. januar)
ærgjerrig
ansvarlig
tålmodig
hjelpsom
jordnær
vil gjerne være kjent og berømt
pessimistisk
forsiktig
kald
humørløs

«Brevet»: Group writing exercise: -- Du er et uåpnet brev. Hvem har skrevet deg? Hvem er du til? Hvor langt har du reist? Står det noe hyggelig eller trist i deg?

Intervju:

Hvordan vil du karakterisere drømmekvinnen/-mannen din?
Hva driver du med i fritida?
Hvordan valgte du å studere her på ______ (skolens navn)?
Hva synes du om skolen? (om lærerne, om de andre studentene som går her, om kursene, om fritidsaktivitetene, om byen, osv.)
Hvilken historisk person ville du helst ha møtt? Hvorfor?

10. ***SPRÅK***:

Pre-reading vocabulary:

utålmodig, fascinert, utenlandsk, en tysker, en franskmann, en spaniol, en engelskmann, spansk, fransk, tysk, Glomma, Themsen, å beherske et språk, å bytte klær, å forelske seg i, å foretrekke, å slå opp med, å unngå å bli bundet,

Pre-reading introduction: Denne fortellingen dreier seg om ei jente som er fascinert av språk. Hun lærer engelsk, tysk, fransk og til slutt også spansk, og hun reiser til mange forskjellige land. Der finner hun seg alltid en utenlandsk kjæreste, slik at hun har mange utenlandske kjærester etterhvert. Hun synes at moren hennes har et kjedelig liv, så for å unngå å bli bundet slik som henne, bytter jenta kjærester nesten like ofte som hun bytter klær . . . .

Kart -- **(Listening comprehension)**: Students work in pairs;
En av studentene leser mens den andre følger med med en blyant og tegner reiseruten på kartet (see next page). Kommer du riktig fram?

1. *Du har akkurat hentet bilder fra sommerferien. Du er i butikken hvor du hentet bildene dine.* Gå ut døra og ta til venstre. De spiller musikk ute i gata, fordi det snart er jul og musikkforretningen er like ved. På hjørnet av musikkforretningen gå til høyre ved neste veiskille. Finn en dør på høyre side.... Gå inn! Hvor er du? (På kino)

2. *Du har lånt ei bok på biblioteket.* Om en halvtime har du en avtale. Når du kommer ut på gata må du gå til venstre til du kommer til et lyskryss. Vent til du får «en grønn mann». Kryss over gata i samme retning som du allerede har gått. Passer butikken på høyre hånd og stopp når du kommer til neste veikryss. Se til første døra. Hva skal du gjøre her? (Klippe håret hos damefrisøren)

3. *Du jobber i banken ved Stadion.* Dagen er over og du må reise hjem. Bilen er parkert i Grøndahlsgate, men gateskiltene er borte. Du spør en mann om veien, og han sier: «Du må gå til venstre. Ved lyskrysset tar du til høyre og så til venstre. Ved neste veikryss må du krysse over til venstre til du kommer til en snar-vei. Når du kommer til et nytt veikryss ta til venstre -- slik at du kommer til nok en grønn plass....(= kirkegården) Fortsett nedover til venstre (slik du gikk) og den gata du først kommer til er Grøndahls gate! Hvor er Grøndahls gate? (Der hvor parfymeriet ligger, døra!)

Yrke: Hva gjør jeg?
Each student is given an imaginary occupation. The other students ask about it (they may be given a list of possible occupations including the ones chosen). The student who is "it" answers only «ja» or «nei» to the questions, so students must word their inquiries carefully to find the correct occupation as efficiently as possible. Examples:

reisebyråekspeditør	**urmaker**	**flyvertinne**
lege	**radiokåsør**	**ekspeditrise**
husmor	**forfatter**	**ingeniør**
advokat	**student**	**fisker**
lærer	**dekoratør**	

Brev: *Se* «Yrket mitt» (i antologien). Skriv et lignende brev der du forteller om det yrket du ønsker deg (eller har). Fortell både om de positive og mindre positive sider ved det yrket du har valgt.

Yrke: Ligger det noe sanhet i astrologien? Her er noen yrker som skal stemme med forskjellige stjernebilder. Hvordan stemmer de for deg og folk du kjenner?

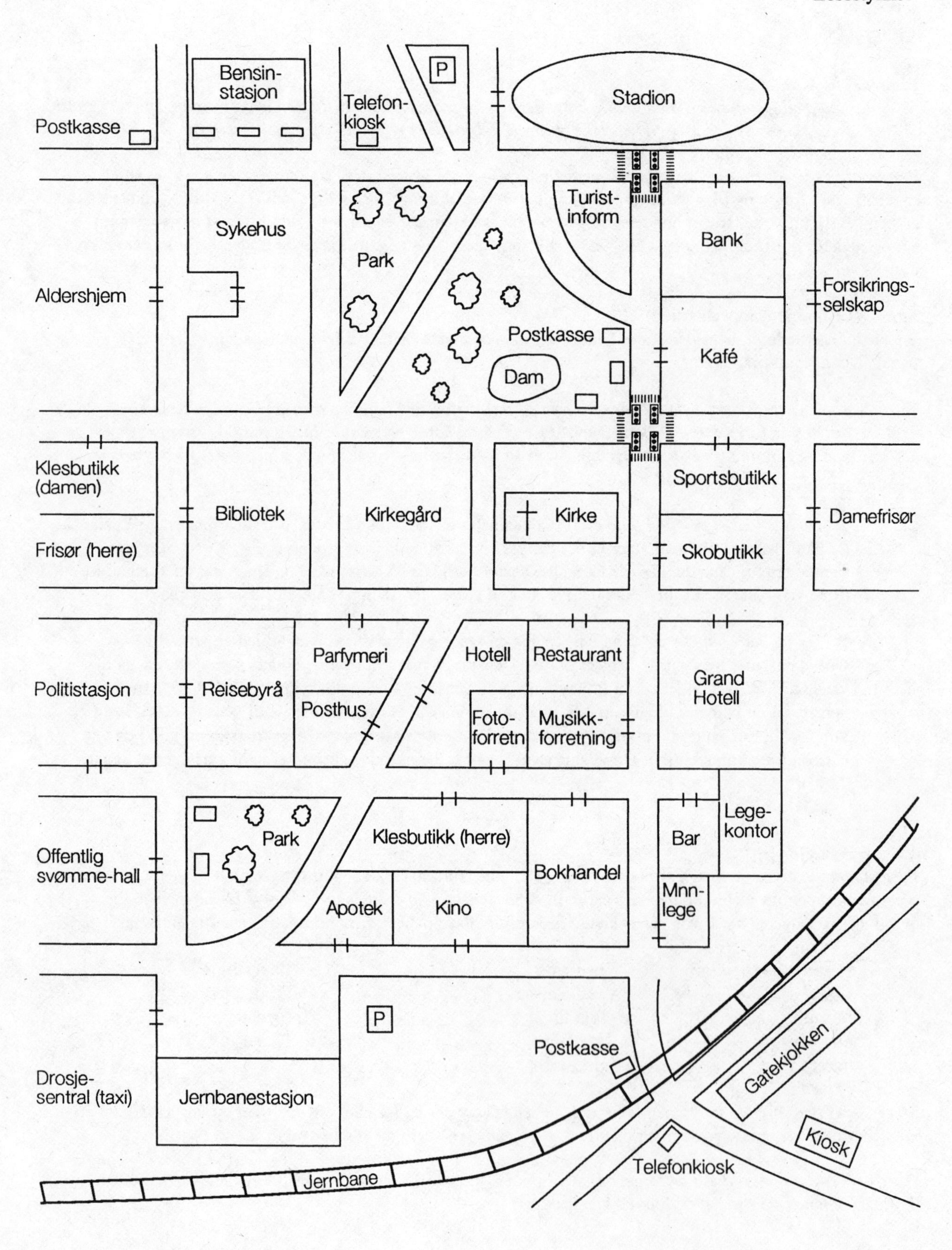

Bensin-
stasjon
Postkasse
P
Telefon-
kiosk
Stadion
Sykehus
Park
Turist-
inform
Bank
Aldershjem
Forsikrings-
selskap
Postkasse
Kafé
Dam
Klesbutikk
(damen)
Sportsbutikk
Bibliotek
Kirkegård
Kirke
Damefrisør
Frisør (herre)
Skobutikk
Parfymeri
Hotell
Restaurant
Grand
Hotell
Politistasjon
Reisebyrå
Posthus
Foto-
forretn
Musikk-
forretning
Lege-
kontor
Park
Klesbutikk (herre)
Bar
Offentlig
svømme-hall
Bokhandel
Mnn-
lege
Apotek
Kino
P
Postkasse
Gatekjøkken
Drosje-
sentral (taxi)
Jernbanestasjon
Kiosk
Telefonkiosk
Jernbane

VANNMANNEN (22. januar til 19. februar)
lærer
vitenskaper
sosialarbeider
forsker
skuespiller

FISKENE (20. februar til 20. mars)
skuespiller
danser
arbeider i helsevesenet
kontorist
ekspeditør

VÆREN (21. mars til 20. april)
politiker
ingeniør
kirurg
selger
regnskapsfører

TYREN (21. april til 20. mai)
forretningsmann/-kvinne
bankfunksjonær
sikkerhetsmann
bonde
børsmegler

TVILLINGENE (21. mai til 21. juni)
forfatter
journalist
lærer
reiseagent
advokat
brevbud

KREPSEN (22. juni til 22. juli)
restaurantarbeider
sirkuskunstner
kontorist
sykepleier
sjømann
førskolelærer

LØVEN (23. juli til 23. august)
lærer
advokat
militær
direktør
juveler/ gullsmed
filmstjerne

JOMFRUEN (24. august til 23. september)
kosmetolog
sekretær
mekaniker
advokat
bankansatt
militær

VEKTEN (24. september til 23. oktober)
kosmetolog
frisør
diplomat
resepsjonist
advokat

SKORPIONEN (24. oktober til 22. november)
lege
ingeniør
politimann
psykiater
forsker

SKYTTEN (23. november til 22. desember)
lærer
advokat
prest
musiker
forfatter
dyrlege

STEINBUKKEN (23. desember til 21. januar)
lærer
militær
politiker
statstjenner
ingeniør
vitenskaper

11. *TIL DEN MANN:*

Pre-reading vocabulary:

forskjellsbehandling (diskriminering), en karriere, en lønn, et samfunn, et ansvar, et valg, en utdannelse, en skilsmisse, en plikt, å vise omsorg, rengjøring, et krav, stryking, et ytre, en helse, å holde seg slank, velpleid, for barnas skyld, å drive med en hobby, trivsel selvtillit,

Pre-reading introduction: I dette stykket har ordet «mann» blitt skrevet istedenfor «kvinne» og omvendt. Hvilke konsekvenser får denne lille typografiske forandringen?

Rolleforventninger:

Adjektiv: Skriv tittelene «mann» og «kvinne» på toppen av et ark. Skriv under hver tittel så mange adjektiv du kan komme på. Dette skal være adjektiv som tradisjonelt beskriver menn eller kvinner. Bytt nå tittelene om på disse listene. Hvilken virkning får det?

Verb: Studentene arbeider i smågrupper og lager en liste med rolleforventninger for menn og kvinner slik de blir reflektert i fortellingen:

*Det er **mannen** som skal . . .*

*Det er **kvinnen** som skal . . .*

I hvor stor grad har disse forventningene forandret seg de siste årene? Er forskjellsbehandling av menn og kvinner ennå et problem? Eksisterer det på samme måte som før? Se også diktene «Pike-verden» og «Sønner» av Sidsel Mørck, «Sånn vil du ha meg» av Inger Hagerup og fortellingen «Firmafesten» av Margaret Johansen. Har problemet sluttet å eksistere, eller har det bare fått mere subtile former? Begrunn ditt svar. Hvordan stemmer disse rolleforventninger med din egen familie. Hvem er det i din familie som stryker, vasker tøy, reparerer bilen, har karriere, osv. Tror du du vil følge samme mønsteret når du stifter familie? Hvordan vil du eventuelt forandre på det?

Group picture story: Find pictures depicting odd situations or several people in conversation. The more ambiguous the situation the better. Attach a lined sheet of paper to the back of each picture. Distribute one picture to each group of 4 or 5 students. The students create as many questions as possible provoked by the picture. The group leader writes down the questions on the lined sheet attached to the back of each picture. Once the group has generated the questions, the teacher collects the pictures and redistributes each picture and its questions to a different group. Group members then react to the questions associated with their picture and devise a story that answers all the questions. The group leader writes down the story and shares it later with the rest of the class.

12. *MANDAG:*

***Pre-reading vocabulary*:**

en kollega, en sjef, en lønn, å vekke oppstyr, forbauset, plutselig, å dra sin vei, å ha matlyst, å sulte i hjel

***Pre-reading introduction*:** I denne fortellingen er det en mann som plutselig en morgen våkner uten hode. Vi hører om oppstyret han vekker på jobben, og hvordan kollegene, bekjente og sjefen hans reagerer på mannens tilstand. Mannen gjør også mange andre interessante oppdagelser i løpet av dagen... Fortellingen er skrevet med en god dose ironi.

***Bruk fantasi*:** Vi hører bare litt om hvor mannen bor. Beskriv alle værelsene hos ham -- hvor mange det er, hva slags møbler han har, osv. Bygg også videre på detaljene vi blir gitt i fortellingen. Hvem er «hun»? Hvor lenge har de kjent hverandre? Hvorfor dro hun sin vei? Hvorfor kom hun tilbake?

***Diktat*:** (Dictate sentences in random order; students arrange them into a logical order after writing them down.)

«En glemsk mann forlot hotellværelset sitt og oppdaget
at han hadde glemt paraplyen. Han gikk tilbake og
oppdaget at rommet allerede var overtatt av andre.
Gjennom døren hørte han lyder:

- Hvem sin lille kjæreste er du?
- Din lille kjæreste.
- Og disse små hendene?
- Er dine.
- Og disse små føttene - og disse små knærne - og denne lille...
- Når dere kommer til paraplyen, ropte mannen gjennom døra, så er den *min*!

***Brev*:** Group writing activity. Someone in the class may wish to write to a company to inquire about or order merchandise, apply for a job, request an interview etc. -- It's best to have an actual situation. The other students may assist the student in writing the letter by using the pointers outlined here:

Når du skriver til noen du ikke kjenner, bør du oppgi hvor du skriver fra, og når du skriver brevet.

I et brev betyr formen «kjære...» omtrent det samme som: «Jeg kjenner deg.» Skriver du til mennesker du ikke kjenner, bruker du ikke denne formen, men begynner i stedet med hele navnet på den du skriver til (pluss adressen, for å unngå misforståelser).

Noen ganger kan det lønne seg å begynne brevet med å fortelle hva det inneholder, for eksempel:

Søknad om å bli opptatt ved skolen
Deres brev av 18. mai om...

Dersom du svarer på brev, kan det lønne seg å oppgi hvilket brev du svarer på. I større firmaer skrives det mange brev, og det er ikke alltid så lett for dem som arbeider der, å huske hva de skrev i et brev for fjorten dager siden.

Noen firmaer begynner brevene med: «Vår ref...» og noen tall eller bokstaver. Når du svarer på brevet, bør du ta med disse tallene og bokstavene i innledningen til brevet. På denne måten vil det være lettere for mottakeren å vite hvilket brev du svarer på, og hva saken dreier seg om. Dersom den du skriver til, selv ikke bruker en annen form, lønner det seg å skrive *De, Dem,* og *Deres*. Husk at flertall av høflighetsformene er det samme som entall!

Prøv å tenke deg til hva mottakeren trenger å vite. Det er særlig viktig å få med personlige opplysninger, adresse og telefonnummer. Oppgir du telefonnummer, bør du også fortelle når det er lettest å få tak i deg på dette telefonnummeret.

Det finnes mange måter å slutte et brev på. De fleste formene, *Ærbødligst, Med høyaktelse, Deres*, o.l., er foreldede. Bruk *Hilsen, Med hilsen,* eller *Vennlig hilsen.*

Skriv ikke på baksiden av arket, men ta heller et nytt ark, nummerer arkene og heft dem sammen med binders.

Noen eksempler:

1) VI TRENGER DIN HJELP I SOMMER!
I sommertida er det alltid mange mennesker som stikker innom Gløtten for å få seg en kopp kaffe eller en god middag. Vi trenger ferievikarer og ekstrahjelp:
2 kjøkkenhjelper
1 servitør
2 vaskehjelper
Vi ser helst at du kan være hele sommeren, altså fra 25. juni til 15. august. Synes du det blir for lenge, kan vi ordne arbeidstida per brev.
Kari Bergersen
Disponent

Landsmoen, 10. juni 1991

Disponent Kari Bergersen
A/S Gløtten Kafé
8324 Bundvik

Jeg viser til oppslaget angående ferievikarer dere har satt opp på Landsmoen videregående skole. I fjor arbeidet jeg som kjøkkenhjelp på turistbåten «Storfjord», og trivdes godt med det. Derfor kunne jeg gjerne tenke meg å arbeide som kjøkkenhjelp hos dere også. Jeg er seksten år gammel og går i annen klasse på Landsmoen.

Hilsen
Asgeir Bråten
Boks 5
8312 Lansmoen

* * *

2) Gråtangen Skole
Boks 60
1501 Moss
Vår ref.: SK 232/19 Moss, 12. januar 1991

Liv Smestad
1920 Bundenes

Kjære Liv Smestad -
Takk for forespørelsen etter ledige vikariater. Vi har ennå ikke oversikt over situatsjonen til høsten, men det er mulig at det kan bli ledig et halvårig vikariat som fritidsleder/ekstrahjelp.

Vi her ved skolen legger stor vekt på å få medarbeidere som er motivert for arbeidet. Elevene ved skolen er i alderen 10-18 år, og har til dels store psykiske problemer. Det ville derfor være fint om du kunne fortelle litt mer om deg selv og hvorfor du er interessert i et vikariat akkurat ved vår skole. Oppgi helst navnet på klasseforstanderen eller andre som kjenner deg godt. Vitnemål og/eller attest er også nødvendig.

Vennlig hilsen
Karl Lunden
Skolestyrer

(Hva ville du skrive som svar?)

...hentet fra Tor Edvin Dahl, Sone Kleivane. *Ord. Grunnbok i norsk språk og litteratur.* Oslo: Aschehoug, 1981.

13. *GJERTRUDSFUGLEN: nynorsk*

Pre-reading vocabulary:

en fugl, en hakkespett, et sagn, å forklare, en straff, å unne (en) noe, å bake, å vandre, Vår Herre, Sankt Petter, å kjevle ut, i de gode gamle dager, tørst, mellom barken og veden

Pre-reading introduction: Et sagn er en fortelling som forklarer hvorfor ting er slik. Dette sagnet forklarer hvorfor hakkespetten (gjertrudsfuglen) er slik de er. Sagnet foregår i «de gode gamle dager» da Vår Herre og Sankt Petter gikk og vandret på jorden. De kom en dag til en kvinne og satt og bakte.... Før de går fra henne har hun fått den straff at hun må bli til gjertrudsfuglen. Hvorfor?

Gruppearbeid: Skriv følgende lesestykke om til bokmål:

Snøstormen

Hurra, det snør, ropte Svein. Han kom stormande inn på kjøkkenet, slengde frå seg ranselen og fòr av stad att. Ned i kjellaren bar det i full fart. Han drog ut både kjelke, spark og ski. Du kan då ikkje bruka det no, ropte mor. Det har ikkje kome stort snø enno. Det gjer ingenting, sa Svein. Det kjem nok meir, og då har eg alt klart. No vil eg laga snøballar medan eg ventar på at det kjem mykje snø. Noko seinare på ettermiddagen regna det, og snøen vart borte. Men ute i hagen stod kjelken, sparken og skia, og venta på snø.

...hentet fra Anne-Lise Gjerdrum,
et. al. *Grunnbok 2: Eg les og skriv*. Oslo: Teknisk
Forlag A/S, 1982.

Hvordan ville du skrive følgende tekst av dikteren Tor Jonsson på bokmål?

Nærast er du når du er borte.
Noko blir borte når du kjem nær.
Dette kallar eg kjærleik,
Eg veit ikkje kva det er.

14. ***SCENER FRA NORSK UTVANDRING TIL AMERIKA:***

«Store ord»

Pre-reading vocabulary:

utvandring, en utvandrer, innvandring, en innvandrer, store forventninger, høns, en kyulling, en hane, ei tømmerhytte, å smøre tykt på, å overdrive, en skrøne, å friste,

Pre-reading introduction: Denne fortelling er om en norsk utvandrer som frister sine venner i gamlelandet til å reise til Amerika. Men han overdriver kanskje litt?

«Amerika-brev»

Pre-reading vocabulary:

å ta avskjedd, hjemmelengsel, et forhold, å opphøre, forlovet, fortvilet

Pre-reading introduction: Johanne Henriksen har utvandret til Chicago og skriver her to brev til sin kjæreste i Christiania (Oslo) i 1850. Bare 19 dager ligger mellom disse brevene i tid, men hvilken forandring i tone!.

15. ***NOEN DIKT:*** av Sidsel Mørck tar opp aktuelle temaer, bl. a.: kjønnsroller («Pikeverden» og «Sønner»), det moderne "bruk og kast" samfunnet («Kjøpevers) og, miljøvern («Olje-eventyret»). De kan brukes som uttaleøvelse og/eller diskusjons-innledere når som helst i løpet av kurset.

16. ***EN TE MED SITRON:***

Pre-reading vocabulary:

gudskjelov, takk og pris, en dikter, en kjæreste, ekteskap, en svigermor, søppel, skrot, å unnvære, merkelig, en vane, å tåle, å bli nødt til, å finne seg i

Pre-reading introduction: Tre mennesker møtes på en kafe -- en mann, Arvid; hans kjæreste, Lisbet, som gjerne vil gifte seg med ham; og hans nåværende kone, Elna. Elna forteller Lisbet om Arvids ganske merkelige livsstil: noen rare møbler han ikke kan unnvære, hans mor som de er økonomisk avhengig av og som har alle slags dyr de må pleie når hun kommer på besøk, og hans andre nokså eksentriske vaner. Til slutt har Lisbet hørt nok og hun går. Det er da leseren får en stor overraskelse. . .

17. ***JURYEN VIL NÅ TREKKE SEG TILBAKE:***

Pre-reading vocabulary:

en sjåfør, å pryle, varig døv, en dommer, et forhør, å erkjenne seg skyldig etter tiltalen, en straff, å forsvare seg, det gjør (en) vondt, forferdelig, å komme til skade, på kokepunktet, av yrke, påpasselig, forsiktig

Pre-reading introduction: I dette stykket hører vi en mann forsvare seg i et forhør. Bare han og dommeren er til stede. Han er sjåfør av yrke og pleier å ha ganske jevn temperament. Men han sitter i retten fordi han har prylt tre gutter slik at alle tre har kommet til skade, og en har blitt varig døv. Det gjør ham vondt at han har gjort dette. Han er oppriktig lei for det, men han sier også at han ikke kunne ha handlet annerledes og ville gjøre akkurat det samme hvis han noen gang kom opp i en lignende situasjon igjen . . ..

18. *FIRMAFESTEN:*

Pre-reading vocabulary:

en sjef, et firma. likestilling, forskjellsbehandling, diskriminering, å fortjene, å slå seg løs, å oppføre seg, å slite, utdannelse

Pre-reading introduction: Handlingen foregår på firmaets årlige julefest. For en gangs skyld slår Mona Mikkelsen seg seg litt løs -- hun tar seg nemlig den frihet å oppføre seg som en mann. Gjennom mange år har hun slitet i firmaet og bare sett seg forbigått av utallige yngre mannlige kolleger med mindre utdannelse enn hun selv har. Men nå har hun noe å feire. . . .

LITTERATURLISTE (arbeidsbok og læreveiledning)

Allen, Edward D. and Rebecca M. Vallette. *Classroom Techniques: Foreign Languages and English as a Second Language.* Harcourt Brace Javanovich, 1977.

Birckbichler, Diane W. *Creative Activities for the Second Language Classroom.* Washington, D.C.: Center for Applied Linguistics, 1982.

Bjørnebek, Anne. *Troll i ord: Basisnorsk-kurs for fremmedspråklige.* Oslo: Aschehoug, 1990.

Gedde, Tone, Anne Golden og Else Ryen. *Lær mer norsk. Et kurs i norsk bokmål for fremmedspråklige.* Oslo: NKS Fjernundervisning, 1990.

Gjerdrum, Anne-Lise, et. al. *Grunnbok 2: Eg les og skriv.* Oslo: Teknisk Forlag A/S, 1982.

Golden, Anne, Kristi MacDonald og Else Ryen. *Norsk som fremmedspråk. Grammatikk.* Oslo: Universitetsforlaget, 1988.

Hendrickson, James. "Listening and Speaking Activities for Foreign Language Learners." *Canadian Modern Language Review* 36 (1980):735-748.

________. "Listening and Speaking Activites for Foreign Language Learners: Second Collection." *Canadian Modern Language Review* 39 (1983):267-284.

Joiner, Elizabeth and Patricia Westphal. *Developing Communication Skills. General Considerations and Techniques.* Rowley, Mass: Newbury House, 1978.

Knop, Constance. "Classroom Applications of the Notional- Functional Syllabus." *ERIC Clearinghouse on Languages and Linguistics New Bulletin* 5 no. iii (1982): 3-4

________. "Notional-Functional Syllabus: From Theory to Classroom Applications." *A Global Approach to Foreign Language Education.* Maurice W. Conner, ed. Skokie, IL: National Textbook Company, 1981.

Manne, Gerd. *Bo i Norge. Norsk for utlendinger. Mellomnivå.* Oslo: Fag og Kultur, 1988.

Oates, Michael D. and D.C. Hawley. "Real Language: A Gateway to Cultural Identification." *The Foreign Language Classroom: New Techniques.* Report of Central States Conference on the Teaching of Foreign Languages, Alan Garfinkel, ed. Lincolnwood, IL: National Textbook Company, 1983.

Omaggio, Alice C. *Teaching Language in Context. Proficiency Oriented Instruction.* Boston: Heinle and Heinle, 1986.

________. "The Proficiency-Oriented Classroom." in *Teaching for Proficiency, the Organizing Principle.* Theodore V. Higgs, ed. Lincolnwood, IL: National Textbook Company, 1987

________. "Using Games and Interaction Activities for the Development of Functional Proficiency in a Second Language."

Rishøi, Kristian. *Følelser.* Stabekk: Bokklubbens Barn, 1989.

Scarry, Richard. *Min første ordbok.* Oslo: Olaf Norlis Forlag, 1969.

Schwartz, Marsha and Leslie Federkiel. "Blockbusters and Other Television Games in the Foreign Language Classoom." *Strategies for Foreign Language Teaching*. Patricia B. Westphal, ed. Lincolnwood, IL: National Textbook Company, 1983.

Snyder, Barbara. "Creative and Communicative Achievement Testing." *Strategies for Foreign Language Teaching.* Patricia B. Westphal, ed. Lincolnwood, IL: National Textbook Company, 1983.

Strandskogen, Åse-Berit og Rolf. *Norsk grammatikk for utlendinger*. Oslo: Gyldendal, 1981.

Strasheim, Lorraine A. "Achieving Curriculum Fit for That 'Horrible' Second Year." *Strategies for Foreign Language Teaching.* Patricia B. Westphal, ed. Lincolnwood, IL: National Textbook Company, 1983.

Wig, Rigmor, Elisabeth Aster. *Mellom oss og stjernene. Astrologi for hvermann*. Oslo: Gyldendal, 1973.